그림책이 있어서
다행이야

그림책이 있어서
다행이야

1판 1쇄 발행 2018년 7월 27일
1판 2쇄 발행 2018년 8월 10일

지은이	이지현
발행처	수오서재
발행인	황은희, 장건태
책임편집	마선영
편집	최민화
디자인	권미리
마케팅	이종문
제작	제이오
주소	경기도 파주시 회동길 337-16, 302호(10881)
등록	2014년 6월 16일(제396-2014-000115호)
전화	031)955-9790
팩스	031)955-9796
전자우편	info@suobooks.com
홈페이지	www.suobooks.com
ISBN	979-11-87498-34-6 03810 책값은 뒤표지에 있습니다.

ⓒ 이지현, 2018
이 책은 저작권법에 따라 보호받는 저작물이므로 무단전재와 복제를 금합니다.
이 책 내용의 전부 또는 일부를 사용하려면 반드시 저작권자와 수오서재에게
서면동의를 받아야 합니다.

이 도서의 국립중앙도서관 출판시도서목록(CIP)은 서지정보유통지원시스템
홈페이지(http://seoji.nl.go.kr)와 국가자료공동목록시스템(http://www.nl.go.kr/kolisnet)에서
이용하실 수 있습니다.(CIP제어번호 : CIP2018021612)

도서출판 수오서재守吾書齋는 내 마음의 중심을 지키는 책을 펴냅니다.

어느 날
엄마가 된 당신에게
그림책이 건네는 위로

그림책이 있어서 다행이야

이지현 지음

수오서재

프롤로그

세 번의 기적

　살면서 누구나 한 번쯤 기적을 경험하게 된다고 하지요. 돌아보니 저에게는 세 번의 기적 같은 순간이 있었습니다. 첫 번째는 직장에 다니며 준비한 재수 시절 원하는 대학 학과에 추가 입학했다는 전화를 받았던 때이고, 두 번째는 2년여의 대기 끝에 꼭 보내고 싶었던 어린이집 입소 확정 소식을 들었던 때입니다. 퇴근길 사람들로 북적이는 지하철 안에서 애써 흥분과 기쁨으로 가득 찬 목소리를 가라앉히며 연신 감사하다고 했던 그때가 아직도 생생합니다. 세 번째는 바로 지금입니다. 책 출간을 앞두고 이렇게 프롤로그를 쓰고 있다는 것 자체가 제게는 기적입니다.

　그동안 참 많은 엄마들을 만났습니다. 만나면 만날수록 깨달았습니다. 엄마들에게 가장 필요한 것이 바로 '공감'이라는 것을. '나도 그래', '나만 그런 게 아니구나', '맞아, 그럴 때가 있지' 하며 서로를 토닥일 때 엄마들은 큰 힘을 얻습니다. 그동안 아이들을 위해 그림책을 읽어주셨나요? 아이들을 위해 책장 가득 그림책을 채우셨나요? 이제는 엄마 자신을 위해서 읽어보세요. 그리고 본인만의 이야기를 떠올려보세요. 압니다, 나를 위해 시간을 내어 책 한 장 넘기는 게 얼마나 힘든 일인지. 얇고 짧은 그림책이라 할지라도 얼마나 큰 의지가 필요한 일인지. 하지만 용기 내시길 바랍니다. 아들 셋을 키우는 저도 했으니까요. 한 권, 두 권 읽으며 그림책 속 이야기들에 공감하다 보면 알게 될 겁니다. 어느 순간부터 그림책이 나를 위로하며 다독이고 있다는 것을요.

그림책 한 권에도, 철학책 못지않은 가르침이 있고, 소설책 못지않은 드라마가 있고, 육아책 못지않은 깨달음이 있고 시집 못지않은 울림이 있습니다. 특별한 책이 아닌 지금 우리 아이가 읽고 있는 평범한 그림책 속에서 그것들을 느껴보길 바랍니다.

처음 저에게 글을 써보라고 스치듯 권해준 남편에게 뜨거운 사랑을 전합니다. 또 수많은 에피소드의 원천이 되어주고 다양한 좌충우돌 경험을 통해 엄마로 성장시켜주는 첫 번째로 사랑하는 첫째 아들 창건이와 둘도 없이 사랑하는 둘째 아들 찬호와 마구마구 사랑하는 막내아들 현택이에게 더 뜨거운 사랑과 고마움을 전합니다. 종종 도망가고 싶거나 일탈하고 싶을 때마다 묵묵히 지원해준 가족들과 적극적으로 동참해준 친구들 및 지인들, 엄마의 마음으로 저의 강연을 듣고 손 내밀어준 수오서재 관계자분들께도 감사의 말씀 전합니다.

마지막으로 지금 이 순간 이 책, 이 페이지, 바로 이 문장을 읽고 계신 분들께 진심으로 감사의 인사를 드립니다. 저의 세 번째 기적에 이렇게 함께해주셔서 감사합니다.

일러두기

- 일부 맞춤법은 저자 고유의 글맛을 위해 그대로 두었습니다.
- 본문에 수록된 책의 서지 정보는 출간 도서에 명시된 대로 표기했습니다.
- 본문에 소개된 책 관련 사진은 해당 도서를 출간한 출판사에 촬영 및 수록에 관한 확인 절차를 밟아 수오서재에서 따로 촬영해 수록한 것입니다.

차례

프롤로그　　세 번의 기적　004

1장

**엄마라는
이름과
마주하기**

소소하지만 중요한　012

구름일 뿐이야　018

엄마니까요　024

모녀ring　029

그냥 예쁜 엄마　035

언제나, 항상, 변함없는 것　040

할 수 있어요, 엄마잖아요　046

짐작하지 말아요, 우리　051

왜?　056

엄마의 스카프　062

엄마 자존감　067

엄마답다는 것　072

날씨를 알려드립니다　077

2장
**엄마도
한 뼘
자랍니다**

그래도 나는 내가 좋아 084

이거면 됐습니다 088

나는야, 짱구 아줌마 092

상상하기도 싫은, 생각만 해도 슬픈 097

아셋맘, 바로 저입니다 102

품을 내어준다는 것 108

냄새나는, 달콤한 도망 113

너는 결코 혼자가 아니란다 118

걱정쟁이 엄마 124

엄마가 바쁠 때, 아이가 아플 때 130

흔들린 엄마 136

함께한다는 것 142

3장

**그런 너와
내가 되기를**

내 생애 최고의 작품 150

나랑 친구 할래? 154

엄마가 되어갈수록 160

'하부'와 '할미' 166

그런 아이들이 되기를 173

세상에서 가장 위대한 소원 179

서툴러도 괜찮아, 다 괜찮아 186

코끼리는 어디서 왔을까? 192

생태발자국을 아시나요? 198

우리 아이에게 최고인 엄마 203

늘 나무처럼 212

아이들이 꿈꾸는 시간, 내가 꿈꾸는 시간 220

에필로그   **오롯이 나만을 위한 시간** 226

엄마라는 이름과 마주하기

소소하지만 중요한

그림책 강의를 하러 가면 많은 엄마들이 묻습니다. 정말 추천해주고 싶은 그림책 한 권을 꼽아달라고요. 그럴 때마다 저는 이 책을 떠올립니다. 엄마의 마음으로 읽은 첫 번째 그림책이었고, 카카오스토리〈엄마의 그림책〉을 시작하게 해준 계기가 되어준 책이니까요.

막내가 돌 무렵이 되었을 때, 몸과 마음이 유독 힘들었습니다. 가깝게 사는 친정 식구들이 많이 도와주기는 했지만 그래도 정말 힘들었습니다. 항상 곁에서 지켜봐야 하는 돌쟁이 막내, 한창 놀아줘야 하는 네 살 둘째, 동생들과 엄마의 눈치를 번갈아 보는 여섯 살 첫째. 지금 생각해보면 매일 반복되는 일상과 그 안에서는 도저히 풀 도리가 없는 스트레스가 극에 달했던 것 같습니다.

당시 연극예술강사였던 저는 집에서 먼 거리에 있는 구미, 철원 지역으로 연극수업을 나가고 있었습니다. 아홉 시에 시작하는 1교시 수업 시간에 맞추기 위해 일주일에 두 번은 첫 지하철과 시외버스를 타야 했습니다. 한쪽 손엔 유축기가 든 가방을 들고 말이지요.

친정엄마와 남편은 일을 그만두라고 했습니다. 아이들도 아직 어리고, 엄마인 저도 힘들다고요. 저도 새벽부터 어린아이들을 두고 나갈 때마다 관두고 싶은 마음이 들기도 했지만, 그러고 싶지 않았습니다. 지금 그만두면 다시는 일을 할 수가 없을 것 같았습니다. 그래서 이를 악물고 버텼지요.

어느 날 새벽 두 시 반. 배고프다고 보채는 아이 때문에 무거운 몸을 일으켜 한쪽 가슴을 아이에게 내어준 채 베란다 밖을 쳐다보았습니다. 순간 '품속 아기와 함께 떨어지면 어떻게 될까' 하는 몹쓸 생각이 들었습니다. 잠시였지만, 그런 생각을 떠올렸다는 사실이 너무 미안해 품속의 아기를 더 꼭 안아주었습니다. 그러고는 가만히 주위를 둘러보니 아이들이 가지고 놀던 장난감과 그림책들이 어질러져 있더군요. 그중 발밑에 놓여있던 이 그림책을 끌어당겨 아무 생각 없이 읽기 시작했습니다. 우연하게 마주한 이 책은 저에겐 소소하지만 큰 깨달음을 주었습니다.

"세상에! 이 커다란 알 좀 봐!"

커다란 악어 알을 본 가족들은 알의 크기만큼 큰 녀석이 나올 거라며 태어나지도 않은 악어에게 '굉장이'라는 이름을 붙여줍니다. 가족은 물론이고 할머니까지 어떤 굉장한 녀석이 태어날까 큰 기대를 했지요. 잠시 외출을 해야 했던 할머니는 가족들에게 굉장이가 태어나면 꼭 연락할 것을 당부하고 떠납니다. 얼마 후, 악어 알에 금이 가기 시작하고 굉장이가 태어납니다. 하지만 가족들은 금세 실망합니다. 커다란 악어 알에서 나온 악어가 아주 작았기 때문이지요. 굉장이 형제들은 굉장이가 입이 작아서 먹이도 잘 못 먹을 거라고, 다리도 약해서 잘 걷지 못할 거라고, 또 물에서 헤엄도 치지 못할 거라며 먹이를 주려는, 걷게 하려는, 헤엄 연습을 시켜보려는 엄마 아빠를 말립니다. 그때 외출에서 돌아온 할머니. 할머니는 굉장이를 보자마자 "하하하, 내 이럴 줄 알았다니까!" 하며 크게 웃습니다. 할머니는 굉장이에게 큰 물고기를 먹이로 주고, 걸어보게 하고, 헤엄을 쳐보게 합니다. 가족들의 예상과 달리 굉장이는 굉장히 잘 먹고, 잘 걷고 헤엄도 잘 칩니다.

숲속 모든 동물 친구들이 굉장이를 구경하려고 연못가에 모였습니다. 굉장이 가족들은 이렇게 외칩니다. "정말 굉장한 녀석이 태어났죠?"

여기까지는 '아, 자존감을 키워주는 그림책이구나. 가족의 중요성을 알려주는 그림책이구나'라고만 생각했습니다. 하지만 그림책의 마지막 페이지에서 저는 펑펑 울고 말았습니다.

굉장이가 높은 나뭇가지에 서서 양팔에 날개를 달고 펼치며 이렇게 말합니다. "휴! 아무것도 못하는 줄 알았네."

"휴! 아무것도 못하는 줄 알았네."

왜 이 한 줄이 제 마음에 콱 박힌 걸까요. 무엇 때문에 그 새벽에 아이에게 젖을 물리며 눈물을 흘린 걸까요. 아무래도 그동안 쌓였던 뭔가가 한순간에 터져버린 것 같았습니다. 굉장이 가족들이 굉장이의 겉모습만 보고 먹지도, 뛰지도, 헤엄치지도 못할 거라고 생각했던 것처럼 엄마인 저에게도 그런 순간들이 참 많았습니다. 엄마니까 그건 포기해야 한다고, 엄마니까 이제 아이들을 먼저 생각하라고, 그것도 아들 셋 엄마니까 더 많이 포기하고 더 많이 아이를 챙겨야 한다고…. 표현은 달랐지만 주위의 많은 사람들, 심지어 생판 모르는 사람들까지도 아들 셋 엄마인 저에게 강요하고 조언하고 강조했습니다.

굉장이의 "아무것도 못하는 줄 알았네"는 저에게 "엄마라고 아무것도 못하는 게 아니야, 뭐든 할 수 있어. 포기하지 마"라는 위로의 말로 읽혔습니다. 그 즈음부터 저는 집에 있는 그림책들을 엄마의 마음으로 읽기 시작했고, 글을 쓰기 시작했습니다. 〈엄마의 그림책〉이라는 이름으로 카카오스토리 계정을 만들어 써두었던 글을 올렸습니다. 물론 하고 있던 연극치료사 일도, 연극예술강사 일도 관두지 않았습니다.

엄마가 되고 난 후의 삶, 누구나 한 번쯤 상상해보지만 이렇게 힘들 줄은 누구도 몰랐을 것입니다. 아이가 태어남과 동시에 '나'는 사라지고 '엄마'라는 새로운 인물로 다시 태어나야 합니다. 엄마는 아무리 배고파도, 힘들어도, 화가 나도 내 자신보다는 아이를 위해 참아야 하고, 참게 되지요. 또 하고 싶은 일을 그만두는 것, 하기 싫은 일을 하는 것도 모두 엄마이기에 감수해야 합니다. 많은 엄마들은 이야기합니다. "엄마가 된 것을 후회하진 않지만, 마냥 행복하지만은 않다"고요. 우리라도 이런 우리 자신을 있는 그대로 받아들여줘야 하지 않을까요? 엄마는 이래야 한다는 주변의 시선에 굴복하지 말고, 있는 그대로 받아들여보세요.

커다란 악어 알

김란주 글 | 타니아손 그림 | 파란자전거

그림책은 아주 단순한 이야기를 통해 다양한 '나'를 만나게 합니다. 그리고 엄마로 살아가는 내 모습을 돌아보게도 합니다. 만약 누군가가 당신에게 "엄마인 당신의 마음을 흔든 단 한 권의 그림책을 뽑아주세요"라고 한다면 어떤 책을 고르실 건가요?

"휴! 아무것도 못하는 줄 알았네."
저에게 많은 것을 깨닫게 한 그림책 속 한 줄입니다.

구름일 뿐이야

저는 올해로 12년 차 연극예술강사입니다. 초, 중, 고등학교에서 창의적 체험활동 시간에 연극수업을 하는데, 파견 근무 형태라 수업이 있는 날에만 학교에 갑니다. 프리랜서로 혼자서 일을 한다는 것은 소속을 가지고 일하는 것만큼이나 쉽지 않습니다. 가장 큰 단점은 궁금한 일이나 문제가 생겨도 혼자서 해결해야 한다는 것이지요. 또 일이 고되거나 힘들 때에도 의지할 사람도 없습니다. 물론 장점도 있습니다. 처음엔 힘들지만, 혼자서 밥 먹는 재미도 알게 되고, 혼자서 시간을 잘 보내는 노하우도 터득할 수 있습니다.

한 초등학교에서 연극예술강사로 출강할 때 겪은 일입니다. 수업이 있는 날이면 1교시 시작 전에 도착하기 위해 새벽부터 일어나 몸단장을 마치고 바쁘게 움직여 세 아들을 제 위치에 보냅니다. 수업마다 준비물도 있고, 연극 선생님인 만큼 몸풀기, 목 풀기 시간도 필요해 적어도 20~30분 전에는 학교에 도착하는 편입니다.

그날도 어김없이 정신없는 아침시간을 보내고 여유롭게 학교에 도착했습니다. 당시 그 학교는 강사 대기실이 따로 없었기 때문에 항상 교무실에서 모닝커피 한 잔을 타 수업 장소인 체육관으로 이동했습니다. 그날도 언제나 그랬듯 교무실에 들러 선생님들과 간단한 인사를 나누며 커피를 타고 있었습니다. 그때 바로 등 뒤에서 들리는 목소리. "누구세요?" 뒤를 돌아보니 나이 지긋하신 여자 선생님이 계시더군요. 저는 연극예술강사라고 소개를 하고 일주일에 한 번 수업을 한다고 말했습니다. 그러자 멀리 계시던 한 선생님이 서둘러 다가와 저에게 인사를 시키더군요.

"새로 부임하신 교감 선생님이세요. 인사하세요." 속으로 '교감 선생님이 바뀌셨구나' 하고 생각할 찰나, 새 교감 선생님이 이렇게 말씀하시더군요. "아니, 학교에 왔으면 나한테 인사하러 와야 하는 거 아닌가요? 어떻게 내가 먼저 물어봐야 하는 건가요?" 일주일에 한 번 오는 학교에 교감 선생님이 바뀐 것을 알 도리가 없는 저로서는 무척 당황스러웠습니다. 커피 타던 것을 멈추고 교감 선생님에게 다가가 말했지요. "죄송합니다, 교감 선생님. 새로 부임하신 것을 제가 몰랐네요. 다음 주부터는 인사를 드리러 가겠습니다." "아니, 누가 만날 오랬나요? 서로 처음이니까 인사를 해야 한다는 거지." "네, 교감 선생님이 바뀐 걸 몰랐습니다. 죄송합니다."

말하면서 마음 한편으로 무척 억울했습니다. 하지만 고개를 숙였습니다. 저는 '을'이니까요. 고개를 숙이고 다시 일어서는데 앉아있던 교감 선생님이 핸드폰 액정을 만지작거리시는 게 보였습니다. 가을 단풍놀이 정보를 검색 중이시더군요. 순간 너무 자존심이 상했습니다. 그렇게 속으로만 분개하고 있는 저를 향해 눈길도 주지 않은 채 교감 선생님은 말씀하셨습니다.

"선생님을 담당하고 있는 우리 학교 선생님이 누구시죠?"

수업을 마치고 집으로 돌아오는 길, 하늘을 보니 우울한 마음만큼이나 먹먹해 보였습니다. 속상했던 일을 누구와도 나눌 수 없어 더 우울했는지도 모르겠습니다.

이외에도 참 많은 일을 겪었습니다. 가는 길만 세 시간이 걸리는 학교에 수업하러 갔는데 개교기념일이었던 일, 열심히 수업을 하는데 학생들끼리 '저 선생님, 선생님 아니야. 외부 강사야' 하고 속삭이는 걸 들었던 일, 학교 식당에서 급식을 먹는데 급식비를 안 내고 밥 얻어먹는 외부인 취급을 당했던 일, 학교 규칙인지 의심스러울만한 것들(빨간색 옷 착용 금지, 무릎 위로 올라오는 치마 착용 금지, 비품 분실 우려로 인한 강당 사용 금지)을 강요받았던 일 등.

부당한 일이나 억울하고 속상한 일을 겪으면 하루 종일 기분이 우울합니다. 거기서 그치면 그나마 다행인데 좋지 않은 에너지가 오롯이 아이들에게 전해지는 게 문제입니다. 마음이 불편하고 짜증나고 자꾸만 곱씹게 되는 일이 있는 날엔 부단히 노력합니다. 아이들을 만나기 전 이 시끄러운 마음을 다스리려고요.

   그림책을 펼쳤습니다. 그림책을 읽으면서 생각했지요. 소중한 나의 하루를 미움이나 원망, 우울함으로 보낼 수는 없다고. 그러면서 마음속을 가득 채우고 있는 우중충한 구름을 향해 힘껏 소리칩니다.

"뭐야. 넌 그냥 축축한 구름일 뿐이잖아! 저리 가버려, 꺼져!"

   그림책《월리와 구름 한 조각》속 월리도 한결 산뜻한 마음으로 다시금 공원을 향했을 테지요. 우울한 날엔 이 그림책을 읽고 한결 가벼워진 마음으로 우리 아이들 하원시키러 어린이집으로 향합니다. 책 마지막 장면에서 월리가 가벼운 발걸음으로 공원을 향했던 것처럼요.

윌리와 구름 한 조각

앤서니 브라운 글그림 | 조은수 옮김
웅진주니어

구름 한 점 없는 날, 윌리가 공원으로 향합니다. 그런데 어느샌가 구름 하나가 윌리 머리 위에 떠있습니다. 윌리는 자신을 따라오는 것 같은 구름이 신경 쓰입니다. 갑자기 안 보이는 구름. 윌리는 '휴, 이제 사라졌다!' 하며 한숨을 돌리지만, 이내 구름이 다시 나타납니다. '왜 구름이 날 따라다니지? 뭘 하면 없어질까?' 윌리는 고민합니다. 그리고 다양한 방법을 동원하여 구름을 피하지요. 그러다 윌리는 생각합니다. '고작 구름일 뿐이잖아…' 윌리는 비참한 기분이 들면서 부글부글 화가 치밀어오릅니다. 더 이상 참을 수가 없었던 윌리는 마침내 소리칩니다.
"뭐야. 넌 그냥 물방울과 공기로 된 구름일 뿐이잖아! 저리 가버리라고!"
모든 게 조용해집니다. 어디선가 '흥얼흥얼' 노래가 흘러나오고 윌리는 흔들흔들 춤까지 추고 싶어졌습니다. 그리고 윌리는 '다시 공원에 가볼까?' 하고 생각합니다.
이 그림책의 하이라이트는 마치 영화 속 장면처럼 두 팔을 쫙 뻗어 하늘에서 내리는 비를 맞으며 미소 짓는 윌리의 모습입니다. 그 그림을 보면 돌 같이 딱딱해진 마음이 좀 풀리는 것 같거든요. 이 책은 걱정이 많거나 소심한 아이에게도 추천합니다. 그리고 그런 아이를 보며 더 걱정하고 더 소심해지는 저를 포함한 엄마들에게도 권하고 싶습니다.

엄마니까요

아침저녁으로 날씨가 쌀쌀해지면 밖에 나갈 때마다 '아이를 어떻게 입힐까' 망설이게 됩니다. 그날도 그랬습니다. 첫째가 세 살이 되던 해였던 것 같습니다. 바람이 차갑던 초겨울, 손이 시럽다는 아이 손을 꼭 잡고 서둘러 아파트 단지 안 어린이집으로 등원을 나섰습니다. 그런데 집 앞 놀이터에 맨발에 슬리퍼를 신고 얇은 내복 차림으로 그네에 앉아 있는 다섯 살 혹은 여섯 살 정도로 보이는 남자아이가 있더군요. 두껍게 입힌 우리 아이와는 사뭇 다른 차림이었습니다. 그냥 지나칠 수가 없었습니다. 나도 모르게 "아이고, 감기 걸리겠네" 하며 아이 곁으로 다가가 말을 걸었습니다. 가까이 가서 얼굴을 보니 잠에서 깨자마자 바로 나온 듯 했습니다.

"아가야, 엄마는 어디 계시니? 어린이집 안 다녀? 오늘 날씨가 추워. 감기 걸리니까 놀고 싶으면 더 따뜻하게 입고 나와서 놀아, 응?"

아이는 가만히 그네에 앉아 낯선 아줌마와 낯선 아이를 번갈아가며 빤히 쳐다보았습니다. 그러다 작게 중얼거렸지요. "할머니가 기다리랬어요." 어르고 달래가며 엄마 레이더를 펼쳐 대충 상황을 파악했습니다. 일찍 회사에 출근하는 아이 엄마가 할머니에게 아이를 부탁한 것 같았습니다. 하지만 너무 일찍 아침잠에서 깨버린 아이는 집에서 혼자 할머니를 기다리기가 무서워졌고, 할머니가 도착하기까지의 그 잠깐의 시간을 견디지 못하고 할머니가 오시는 길목 놀이터에 나와 있던 것이었습니다. 순간 가슴이 울컥했습니다.

"오늘 날씨가 너무 추워. 그러니까 집에 가서 하나 더 입고 나와, 응? 아줌마가 같이 가줄까? 어디 살아, 너?"

그날따라 주머니에 사탕 하나 없는 것이 왜 그렇게 안타깝던지요. 따뜻하게 입혀 나온 우리 아이가 옆에서 옷깃을 당기며 "엄마, 추워" 하니 마음은 더 무겁고 발길은 더 떨어지지 않았습니다. '어떻게 해야 하나…. 우리 집에라도 데려다 놓을까? 같이 기다려줄까?' 이런저런 고민을 하던 찰나에 멀리서 허리 구부정한 할머니가 "우리 강아지, 여기서 뭐혀" 하며 종종걸음으로 다가오는 모습이 보였습니다. 어찌나 다행이던지요.

손자를 돌보러 추운 아침 일찍부터 집을 나섰을 할머니를 향해 슬리퍼를 질질 끌며 내달려가는 내복 차림의 아이. 거친 손으로 손자 얼굴을 자꾸만 감싸면서 불편한 다리를 이끌고 집으로 종종걸음하시는 할머니. 할머니의 거친 손이 포근한 장갑인 양 얼굴을 파묻은 채 마냥 좋아하는 아이. 그 모습을 뒤로 하자마자 추위에 코끝이 빨개진 내 아이를 끌어안았습니다.

"엄마, 왜 안아주는 거야?"

"응, 네가 너무 따뜻해서. 엄마가 좀 춥거든."

"엄마도 따뜻하게 입었어야지!"

"우리 아들 안고 있으니까 금방 따뜻해진다. 아, 따뜻해!"

추운 날씨에 휑한 놀이터를 지나칠 때면 맨발과 내복 차림으로 할머니를 기다리던 그 아이가 생각납니다. 큰아이보다 두 살 정도 위였으니 지금쯤 초등학교 5~6학년 정도가 되었겠네요. 이제는 아침에 혼자 눈을 떠도 집이 무섭다며 밖에 나와 할머니를 기다리지 않겠지요. 혼자 밥을 먹고 옷을 입고 TV를 보다가 씩씩하게 등교하겠지요. 건강하게 살 컸겠지요.

엄마가 되고 보니 어려운 아이를 그냥 지나치기가 더 쉽지 않습니다. 배고픈 아이를 보면 내 아이가 배고픈 것 같고, 넘어진 아이를 보면 내 아이가 넘어진 것 같습니다. 엄마의 마음은 다 똑같겠지요. 꼬르륵, 세상의 모든 아이들이 배고프지 않았으면 좋겠습니다.

꼬르륵

이성률 글 | 하영 그림 | 파란자전거

일곱 살 동동이는 항상 혼자입니다. 엄마와 아빠가 맞벌이를 하기 때문에 동동이는 하루 종일 혼자 자전거 페달을 돌리며 놉니다. 어린 동동이의 하루는 배고프고, 지루하고, 긴긴 시간이 계속될 뿐입니다. 그런 동동이를 본 옆집 할머니는 몰래 동동이에게 자장면을 배달시켜줍니다. '꼬르륵.' 배가 고프기는 할머니도 마찬가지지만요. 그런 할머니에게 한 대학생이 무료 도시락을 가져다드립니다. 100원이 모자라 라면조차 사 먹지 못한 그 대학생에게 동동이는 딱 하나 있는 100원짜리 동전을 건넵니다.

동동이의 마음이 기특하기도 하고 혼자 노는 모습이 안쓰러웠던 그 대학생은 말합니다.
"그렇다면 공짜로야 받을 수 없지. 너, 말 타고 싶지 않니?"
대학생은 동동이를 자전거에 태웁니다. 비록 전봇대에 묶여 움직일 수 없는 자전거지만 두 사람은 말을 탄 듯 마음속 가고 싶었던 곳으로 달려갑니다.
《꼬르륵》은 겨울에 읽으면 더 좋은 책이라고 말하고 싶습니다. 거리에 구세군 종소리가 들릴 때쯤 아이와 읽으면 자연스럽게 어려운 이웃에 대한 이야기를 할 수 있기 때문입니다. 남몰래 이웃을 돕는 선행이 얼마나 아름다운지, 우리는 어떻게 이웃을 도울 수 있을지도 함께 이야기를 나누면 더 좋겠지요.

바람 맞은 빠르돈 길도 없이 이런 지경을 달려가요.
제주도에서 고향땅을 타고 달린 어요. 그래도요.
바다가 보이고 첫 깊이 보여요.
갈매기들은 거위 가득 노래하면서 돼지와 당라기 이름을 짓고,
물고기들은 꼬리로 장단장단, 돼지는 불벅정에 운박을 해요.
그 나라도, 제 엄마 해본 것 하나나 봇이요.
엄마 미쁨 빠지면서 아빠 깨끗한은 뿔 제주도
이제 조금만이 달리면 제주도바닷가 가까요.

모녀ring

　몇 년 전, 엄마의 생일 선물로 언니와 저, 세 모녀만의 여행을 계획했습니다. 친척집 방문 외에는 철이 들고 나서도 엄마랑 여행을 가본 적이 한 번도 없었거든요. 정말 이번만큼은 셋이서 오붓한 시간을 보내고 싶었습니다. 그동안 딸들 건사하느라 손주들을 봐주느라 몸과 마음 모두 바쁘게 지내신 친정엄마를 위해 언니와 저는 작심을 하고 여행 계획을 짰습니다.
　쾌적하고 안락한 곳에서 몸과 마음이 모두 가벼워질 수 있는 여유로운 힐링 여행이 목표였지만 아직 어린 제 아이들 때문에 하는 수 없이 눈물을 머금고 1박 2일로 일정을 잡았습니다. 마음 같아서는 5박

6일은 가고 싶었지요. 친정엄마는 못내 아쉬워하는 저에게 그래도 그게 어디냐며 어린아이들을 떨어뜨려 두고 어떻게 엄마랑 할머니가 편하게 지내고 오겠냐며 1박도 좋다고 하셨지요. 그러면서 그 시간 동안 마음대로 먹고 싶은 것 먹고, 하고 싶은 것 다 해보자며 설레하셨습니다.

엄마와 함께 떠나는 여행, 정말 기다려지더군요. 엄마와 언니를 만날 때면 어디에 가서 뭘 보고, 뭘 먹을지 정보 나누기에 바빴고, 되도록 다양한 곳을 편안하게 둘러볼 수 있는 최적의 동선을 짰습니다. 엄마는 이런 딸들 모습에 웃고, 우리는 웃는 엄마를 보며 마음속으로 미안했습니다. '진작 함께 떠날걸. 진작 함께 할걸.' 교통편 예약까지 마치고, 짧은 여행을 위한 모든 준비가 끝났을 때 엄마가 말했습니다. "기대되네, 재밌겠어!"

하지만 운명의 장난인가요. 여행 이틀 전 새벽, 셋째가 갑자기 아파 응급실에 가게 되었습니다. 엄마에게 알릴까 말까 고민만 하고 있는 중에 언니가 엄마에게 소식을 전했습니다. 아이가 아픈 이 상황이 무척 속상하고 한편으로는 짜증도 났습니다. 엄마는 제게 전화를 걸어 단호한 목소리로 말했습니다. "이 상황에 어떻게 애 아빠에게 셋을 다 맡기냐. 막둥이가 또 갑자기 아파서 응급실에 가야 할 상황이 되면 그때는 나머지 아이들은 어쩌려고. 애들 맡기고 여행을 간들 너나 나나 맘이 편하겠니. 여행은 나중에 가도 돼. 우리 아이들이 먼저다, 애들이 먼저야." 엄마는 결국 여행 취소를 통보했습니다.

갑작스럽지만 엄마의 말에 아무 말 못하는 우리 언니. 그리고 못내 아쉽지만 입이 열 개라도 할 말 없는 저. 그렇게 세 모녀의 첫 여행은 물거품이 되었습니다.

엄마의 생일 때면 늘 등장하는 단골 선물은 옷 아니면 화장품 그리고 현찰. 올해는 그보다 특별한 걸 선물하고 싶어서 야심 차게 준비한 여행이었는데 무척 아쉬웠습니다. 물론 막내가 아픈 것도 마음 아팠지만요. 그래서 언니와 함께 다시 생각해낸 선물이 바로 '모녀ring'이었습니다.

비록 반짝이는 보석은 달려 있지 않지만 무거운 중량감은 없지만 세 모녀가 함께 끼니 꽤 뿌듯했습니다. 엄마의 스타일을 고려한 제 맘에 드는 디자인, 언니가 원한 중량감으로 주문한 반지를 처음으로 나누어 끼던 날, 셋이 똑같이 반지를 끼고 카페에 앉아 커피를 마셨습니다. 여행은 못 갔지만 손가락 사이로 이어진 엄마, 언니, 저와의 보이지 않는 끈 그리고 사랑. 자식을 낳고 나서야 비로소 엄마의 소중함이 더 절절해지고 가슴에 깊이 와닿습니다.

우리 친정엄마는 예쁜 망아지 셋을 바다로 보낸 아픔을 가지신 분입니다. 언니 위로 오빠가 두 명 있었고, 저와 언니 사이에 또 오빠가 있었다고 해요. 세 아들 모두 출산의 아픔을 다 겪은 후, 인큐베이터에서 잃었다고 하니 당시 엄마의 아픔이 얼마나 컸을지 저는 상상도 못하겠습니다. 언젠가 엄마는 세 아들의 엄마가 된 저에게 스치듯 이렇게 말씀하셨지요.

"엄마가 잃었던 아들들이 우리 막내딸한테 다시 왔나 보다."

세 마리의 말을 잃은 아픔을 간직한 채로 남은 두 마리의 말을 잘 키워주신 우리 엄마. 단 한 번도 누구와 비교하지 않고 사랑으로 키워주신 우리 엄마. 지금도 다 큰 두 딸과 함께 다섯 손주들을 사랑으로 보듬어주는 우리 엄마. 엄마, 정말 감사합니다. 사랑합니다!

엄마의 말

최숙희 글그림 | 책읽는곰

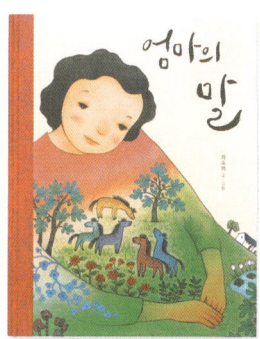

아이들 웃음만으로도
배가 부르고 등이 따습던 나날이었어.
그 여름이 오기 전까지는…….

그 여름,
바다를 좋아하던 망아지 한 마리가 바다로 떠났어.
그리고 다시 돌아오지 않았지.

― 책 속에서

세상에서 단 하나뿐인 소중한 존재를 잃어버리는 상실감은 경험해보지 못한 사람은 결코 알 수 없는 깊은 아픔입니다. 우리 아이들은 살면서 그런 경험을 피할 수 있기를 그저 기도할 뿐이지요. 저도 세상의 가장 소중한 존재를 항상 지키고 싶습니다.
아이와 함께 엄마 또는 할머니가 함께 읽어도 참 좋은 이 그림책은 작가의 실제 경험을 토대로 그려진 이야기입니다. 어린 시절 종이만 보면 공주만 잔뜩 그리며 놀았던 작가에게 하루는 엄마가 처음으로 말을 그려달라고 부탁했다고 합니다. 이 그림책은 그때의 기억을 바탕으로 만들어진 것이라고 해요.

그냥 예쁜 엄마

 첫째가 한 일곱 살이 되던 해일까요? 어느 날이었습니다. 저를 보자마자 종이 한 장을 팔랑거리며 말하더군요. "엄마, 나 어린이집 그림 영역에서 엄마 그렸다! 엄마 줄게. 자, 선물이야."
 어린이집에서 그려오는 그림과 만들기, 크고 작은 종이 뭉치, 나무 조각들…. 집에 전시하기도, 보관하기도 쉽지 않아 크게 반갑지 않았지만, 엄마 특유의 억양으로 오버하며 말했습니다.
 "우와, 진짜? 정말 멋지다. 고마워, 아들!"
 그리고 아들의 그림을 보자마자 피식, 웃음이 나왔습니다. 역시나 또 졸라맨입니다. 그런데 눈을 감고 입을 삐죽거리는 모습, 딱 제 모습이었습니다. 컨디션이 안 좋아 짜증 부릴 때의 모습이 아이에게 그대로 전해진 듯했습니다. 그리고는 밑에 적어놓은 엄마에 대한 반전 설명. '그냥 예쁜 엄마'

엄마를 그리며 아이는 어떤 생각을 했을까요?
일곱 살 아이에게 다섯 살 동생과 두 살 동생은 너무나 큰 경쟁자이고 부담이고 질투 대상이었을 것입니다. 그 마음을 헤아려줘야지, 보듬어줘야지 하고 마음은 먹지만 생각보다 쉽지 않더라고요. 엄마 눈이 먼저 향하는 곳은 작은 막내이고, 엄마의 품을 먼저 파고드는 건 둘째니까요. 항상 한 발자국 떨어져 있는 첫째에게 이것저것 명령조로만 말하는 엄마, 항상 자신에게 인상을 쓰는 엄마를 보며 아이는 어떤 생각을 했을까요? 마음 한편이 시리고 아리고, 가슴 가득 후회와 자책감이 밀려왔습니다.

다둥맘이라면 한 번쯤 첫째에게 미안하고 미안한 마음이 든 적 있으실 겁니다. 가장 많이 사랑을 받다가 가장 많이 사랑을 뺏긴 우리 첫째 아이. 세상의 단 하나뿐인 아이였다가 세상에 단 하나뿐인 엄마에게 상처받는 우리 첫째 아이. 가장 신경이 쓰이면서도 가장 신경질을 부리게 되는 우리 첫째 아이. 엄마를 가장 기다리고 있지만 가장 차지하지 못하는 우리 첫째 아이. 가장 상처받고 있지만 상처를 가장 표현하지 않는 우리 첫째 아이.

항상 '모두, 엄마 탓'이라는 슬픈 결론만이 엄마 마음을 두드립니다. 왜 한 번 더 아이에게 눈을 맞춰주지 못했을까. 왜 고개 돌려 웃어주지 못했을까. 왜 꽉 안아주지 못했을까.

마음속으로 눈물이 흘렀습니다. 겉으로는 눈물을 삼키며 선물을 준비한 아이의 마음을 가만히 느껴보았습니다. 너무나 멋지다며, 그림이 너무나 맘에 든다며, 얼굴 가득 쪽쪽! 뽀뽀 세례를 해주었습니다. 첫째 아이는 얼굴을 닦느라 바쁘더군요. 그렇게 엄마에게 상처받은 마음까지도 닦아낼 수만 있다면 얼마나 좋을까, 하는 생각이 들었습니다.

잘해야겠습니다.
눈뜨고 활짝 웃는 엄마가 되기 위해서.
진짜 '그냥 예쁜 엄마'가 되기 위해서.

엄마를 위한 선물

쿠엔틴 그레반 글그림 | 지혜정원

무당벌레 수제트는 자신이 만든 화분을 엄마에게 선물할 생각에 들떴습니다. 하지만 바람이 불기 시작하자 화분 속 꽃줄기가 모두 부서져버리지요. 설상가상으로 비까지 내리자 화분이 그만 땅에 떨어져 산산조각이 납니다.

마음이 아파 울던 수제트는 엄마를 위한 선물을 다시 만들기로 합니다. 엄마가 깜짝 놀랄만하게 환상적이고 감동적인 선물을 준비하고 싶었지만 다른 동물 친구들이 준비한 선물을 볼수록 자신감을 잃고 맙니다. 하지만 수제트는 포기하지 않고 자신의 생각대로 엄마의 선물을 만들기 시작합니다. "나와 비슷해 보이는 선물을 만들려면 검은 섬이 박힌 빨간색이 되어야 해!"

수제트는 엄마를 위해 무엇을 준비했을까요? 바로, 무당벌레인 자신과 꼭 닮은 색이 가득한 화분이었습니다. 처음 만들었던 선물처럼 정성스럽게 준비한 엄마를 위한 수제트의 선물. 엄마는 선물을 준비한 수제트의 마음에 두 배, 세 배 더 감동하고 기뻐했겠지요.

엄마를 주려고 주머니에 넣어온 작은 열매, 엄마한테 자랑하려고 접어 온 종이접기, 엄마를 놀라게 하고 싶은 마음에 서둘러 꺼내다가 망가뜨린 만들기, 어찌나 힘주어 적었는지 종이가 뚫릴 정도로 써온 엄마를 향한 사랑 고백 편지…. 평생 받을 선물을 아이에게 이미 모두 받은 것 같습니다. 평생 들어야 할 사랑 고백을 다 받은 것 같습니다. 어른의 눈으로 보면 사소하고 귀찮을 수 있지만, 엄마의 눈으로 보면 사랑스럽고 고마운 선물들이지요. 하지만 엄마도 사람인지라 종종 어른의 눈으로만 그것들을 대하곤 합니다. 잊지 말아야겠습니다. 아이의 마음과 아이의 정성을.

언제나, 항상, 변함없는 것

둘째 아이는 백일이 채 되기도 전에 세 번이나 병원에 입원했습니다. 모세기관지염으로 한 번, 폐렴으로 한 번, RS 바이러스로 한 번. 지금 생각해보면 아이가 아팠던 원인 중에 하나는 사회 이슈였던 가습기 살균제 때문이 아니었나 싶습니다. 저도 아이를 위한다고 그 가습기 살균제를 꼬박꼬박 사용했거든요.

아이가 입원할 때 가장 견디기 힘든 순간은 바로 링거 주사를 꽂는 순간입니다. 그 작고 여린 몸을 꽉 부여잡고 긴 주사바늘이 꽂히는 순간을 지켜보는 것은 정말 고통입니다. "보호자는 나가주세요"

라는 말이 얼마나 가슴에 날카롭고 아프게 꽂히는지. 한 번은 손등, 한 번은 발등, 그것도 안 되면 목 부위, 발뒤꿈치… '우리 아기를 낫게 하려는 거야, 죽이려는 거야?' 하는 마음이 들면서 가슴이 심하게 요동치고 눈물이 저절로 흐릅니다.

입원하면 기본 일주일, 길게는 열흘이 걸립니다. 세 살이 된 첫째는 친정엄마가 돌봐주어서 그나마 안심이었지만 마음 한편에서는 '동생을 갖자마자 엄마가 자기 곁에 없으니 얼마나 불안하고 섭섭할까' 하는 생각에 혼자 어두운 병실에서 모유를 유축하며 소리 없이 흐느껴 울었습니다.

아이가 많이 아프면 엄마는 모든 것을 놓게 됩니다. 자신을 위한 옷도, 먹을거리도, 하다못해 세수나 양치도. 나를 위한 것들은 모두 놓게 됩니다. 그러다 어느 정도 시간이 지나 아이가 안정이 되고 나서야 놓았던 것들을 하나하나 다시 줍게 되지요. '아이를 위해 엄마인 내가 건강해야지' 하는 마음에 밥을 챙겨먹고, 옷을 제대로 챙겨 입으며 몸단장에도 조금씩 신경을 쓰게 됩니다. 아이가 많이 아파본 경험이 있는 엄마들은 다 알 것입니다. 세상에서 가장 중요한 것, 엄마가 가장 간절하게 기도하는 것, 그것 하나만을 위해서 내 것을 다 버려도 괜찮은 것. 바로 우리 아이의 건강입니다.

하지만 엄마도 사람인가 봅니다. 인간인가 봅니다. 첫 번째 입원할 때는 입원하라는 말을 듣는 순간부터 눈물을 흘리며 어쩔 줄 몰라 했는데 두 번째 입원할 때에는 입원 수속을 어디부터 시작하면 좋을지가 먼저 떠올랐고, 세 번째 입원할 때에는 담담히 가족들에게 하나하나 지시를 내리게 되었습니다. 남편에게는 집 청소 및 분리수거 등을, 친정엄마에게는 첫째 아이 부탁을, 언니에게는 병원 입원에 필요한 준비물을 부탁합니다. 아기가 또 다시 아프다는 사실에 마음이 아리고 슬펐지만 그만큼 현실적인 문제를 최대한 신속하게 처리하는 것을 보면, 엄마도 좀 성장했다고 혹은 지혜로워졌다고 말할 수 있겠지요.

그렇게 둘째 아들은 어려서 자주, 많이, 길게 아팠습니다. 그래서 더 꿋꿋하게 모유 수유를 했는지도 모르겠습니다. 엄마의 마음이 그렇잖아요. 뭔가 더 해줄 수 있는 게 있다는 것만으로도 미안함을 덮는 기분. 그렇게 아팠던 둘째가 다섯 살이 되자 그 누구보다 잘 뛰어놀고 흥이 많은 아이로 자랐습니다. 하루 종일 노래를 흥얼거리며 까불까불 댑니다. "이제 그만 좀 뛰어, 가만히 앉아 있어!" 하며 하루에도 몇 번씩 소리를 지를 만큼이요. 둘째가 노래를 부르지 않거나 방방 뛰지 않으면 아프다는 신호로 알면 될 정도로요.

어느 초가을, 둘째가 열 감기에 걸렸습니다. 단순 감기라는 진단에 놀란 가슴을 쓸어내리며 아이의 열을 식히기 위해 억지로 옷을 벗겼습니다. 그러면서 속으로 또 얼마나 자신을 원망했었는지요. 아이에게 조용히 하라고 소리를 질렀던 내가 그렇게 미울 수가 없었습니다. 코와 입으로 뜨거운 공기를 내쉬며 쌕쌕 잠든 둘째의 뒷모습을 보며 참 많은 생각을 했었습니다. 둘째가 아플 때면 백일도 채

안 되어 병원에 입원했었던 모습이 생각이나 요즘도 울컥합니다.

열 감기가 다 나으면 우리 둘째는 또 집에 오자마자 방방 뛰며 본인만의 어떤 세계에 빠질 테지요. "파워레인져, 다이노쁘뜨! 으아, 슈~욱, 챙챙!" 그때는 몇 번이고 맞아주고, 실감나게 죽어주고, 웃기게 도망가야겠습니다. 다 나으면. 우리 아들이 다 나으면, 꼭.

엄마는 아이가 아파야 다시금 아이를 사랑하는 마음을 확인하게 되는 것 같아요. 참 어리석지요. 하지만 이것만은 확실합니다.

아이를 향한 엄마의 사랑은 가끔이 아니라는 것.

언제나, 항상, 변함없다는 것.

가끔이 아니야, 항상이야

레베카 엘리엇 글그림 | 지혜정원

가끔 누나가 많이 아플 때면 나는 너무 슬퍼져요.
하지만 누나가 내 손을 꼭 잡아주면
난 누나가 곧 나아질 거라는 걸 알 수 있죠.
그래서 나도 기분이 좀 나아져요.

누나는 조용히 나를 꼭 껴안고
내가 깊은 잠에 빠지길 기다리죠.

나에겐 세상에서 가장 멋진 누나가 있어요.
나는 누나를 사랑해요.
누나를 사랑하는 건 가끔이 아니에요.
언제나, 항상, 변함없이 사랑해요.

— 책 속에서

병원에 입원한 누나, 형, 동생의 문병을 가게 된 아이들은 어떤 생각을 할까요? 안타깝기도 하고 슬프기도 하고 익숙한 가족이 낯선 공간에 낯선 모습으로 있는 것 자체가 무섭기도 할 것입니다. 또 한편으로는 아프다는 이유만으로 많은 사람의 관심을 받는다는 것에 질투를 느낄 수도 있을 것 같고요. "빨리 나아서 집으로 와"라는 말이 입에서 뱅글뱅글 돌겠지요. 아픈 형제자매에게 마음을 표현하는 것이 서툴거나, 혹은 자기가 아플 때 형제자매의 마음이 궁금할 것 같은 아이와 읽어도 좋겠습니다.

○ 할 수 있어요, 엄마잖아요 ○

　몇 년 전, 의미 있는 시간이 저에게 선물처럼 다가왔습니다. 바로 장애아를 키우는 엄마들을 대상으로 연극 치료를 진행하게 된 것이지요. 치유라기보다는 즐겁고 색다른 경험에 초점을 맞춰 연극 활동을 하며 자연스런 웃음으로 스트레스를 풀어드리려 노력했습니다. 제가 코미디언은 아니지만 '간만에 크게 웃었다'는 후기에 불끈! 힘을 얻었습니다. 물론 웃다가 종종 우시기도 했지만요.
　선천적으로든 후천적으로든 아이가 가진 장애가 엄마를 얼마나 힘들고 지치게 할지 저는 감히, 짐작도 못합니다. 아무리 아이 수가 많고, 눈에 띄게 장난꾸러기인 아이를 키운다 해도 장애아를 키우는 부모의 어려움에는 비할 바가 아니겠지요.

장애아를 키우는 엄마들을 만나면서 참 많이 배웠습니다. 아이를 대하는 마음가짐과 순간순간의 어려움을 극복해내는 의지, 그리고 아이에 대한 섬세한 사랑까지요.

"가장 힘들었던 건 내 아이에게 장애가 있다는 것을 인정하는 거였어요. 1년 내내 왼쪽 신발 신는 연습을 계속 반복하고, 그다음 해엔 오른쪽 신발…. 내 아이에게 장애가 있다는 사실 자체를 받아들이기가 힘들었어요."

"전 아이의 장애를 고칠 수 있다고 생각하지 않아요. 그저 평생 우리 아이가 가진 문제나 행동을 하나하나 수정해가는 거지요. 할 수 있어요. 엄마잖아요."

몇 년 뒤, 프로그램을 같이 했던 엄마들이 힘을 모아 작은 반찬가게를 냈다는 소식을 들었습니다. 앞으로 사회적 기업으로 전환할 계획이고 아이들을 교육시켜 엄마가 없는 세상에서도 자신의 일을 꾸준히 할 수 있는 발판이 되도록 만드신다고 하더군요. 엄마의 깊은 마음이 담긴 반찬가게이지요. 지금도 종종 그 반찬가게에 들릅니다. 그날은 반찬을 먹는다기보다 사랑을 먹는 날입니다.

연극치료사로서 저를 존중해주고, 모일 때마다 항상 맛있는 음식을 준비해서 사람들을 챙기고, 프로그램이 끝나고 돌아갈 때마다 '아들 셋 육아'를 응원해주던 따뜻한 엄마들.

우리나라 복지가 더 풍성해지고 세분화되어서 소외받는 장애인이 없고, 외면받는 장애 시설이 없고, 상처받는 장애 아동 부모님이 생기지 않기를 바랍니다. 엄마가 장애아를 낳음과 동시에 죄인이 되지 않고, 장애아를 키우면서도 자존감을 잃지 않는 사회가 되기를 바랍니다. 무엇보다 자립하고자 하는 장애인과 그를 돕는 부모들이 차별받지 않는 시대가 오길 바랍니다. 사회는 우리 모두가 함께 사는 곳이니까요.

우리 집엔 작은 돌고래가 살아요

히메노 치토세 글그림 | 지혜정원

이 그림책의 작가인 히메노 치토세는 장애를 가진 딸과 비장애 아들을 키우는 엄마입니다. 둘째 딸은 듣지도 말하지도 못하는 중증 자폐증을 가지고 태어났습니다. 그림책에 특이한 점은 영어가 같이 쓰여 있다는 것인데요. 이것은 첫째인 오빠가 동생을 위해 직접 쓴 것이라고 합니다. 장애를 잘 이해하지 못하는 비장애 아이에게도, 장애를 가진 형제자매를 둔 비장애 아이에게도 좋을 따슨한 그림책입니다.

> 머리가 좋은 사람과, 마음이 깨끗한 돌고래 중에
> 누가 더 똑똑할까 같은 건 중요하지 않아.
> 나는 동생을 지켜주고, 동생은 나에게 힘을 주는 것.
> 서로 도우며 함께 살아가는 것이 가장 중요한 거야.
>
> 내 동생은 사람의 세상에 태어난 작은 돌고래.
> 우리 가족의 소중한 보물.
>
> ― 책 속에서

아이와 함께 있을 때 장애인을 보게 되기도 하지요. 그럴 때 아이는 엄마에게 이렇게 묻곤 합니다. "엄마, 저 사람 왜 그래?" 뭐라고 말하면 좋을까요? "응, 몸이 불편한 사람이라서 그래." "됐어, 그런 거 물어보는 거 아니야. 쳐다보지 마." 어떤 대답이 적절하다고 생각되나요?

장애아를 키우는 어머님들께 물어보니 다양한 대답이 나왔습니다. 그냥 모르는 척 지나쳐줬으면 좋겠다, 어디가 불편하다고 하거나 다친 거라고 말하기 보다는 그냥 솔직하게 장애인이라고 말해주는 게 더 낫다, 뭐라고 설명하든 우리 앞에서 큰 소리로만 말하지 않았으면 좋겠다 등등. 아이의 연령대, 눈높이에 따라 엄마가 재량껏 설명하면 되겠지만 가장 중요한 것은 장애를 가진 아이와 부모의 앞에서 큰 소리로 설명하는 행동 등으로 상처를 주지 않는 것일 겁니다.

짐작하지 말아요, 우리

시대가 흘러도 아이 성별에 대한 이야기는 변하지도 않습니다.
딸보다 아들 키우기가 육체적으로 힘드니까 딸을 꼭 낳아야지 합니다. 아들은 딸보다 무뚝뚝하지만 든든하니까 아들을 꼭 낳아야지 합니다. 외동 엄마에겐 형제자매가 있어야 서로 의지하고 좋다며 둘째 낳아야지 합니다. 딸 하나 엄마에겐 둘째 아들 낳아야지 합니다. 아들 하나 엄마에겐 둘째 딸 낳아야지 합니다. 딸 둘 엄마에겐 든든한 셋째 아들 낳아야지 합니다. 아들 둘 엄마에겐 예쁜 셋째 딸 낳아야지 합니다. 딸 셋 엄마에겐 아빠가 외롭겠다며 넷째 아들 낳아야지 합니다. 아들 셋 엄마에겐 엄마한테는 딸이 있어야 한다며 넷째 딸 낳아야지 합니다. 아이 넷 이상 낳은 엄마에겐 요즘 세상에 애들을 어떻게 키우려고 하냐며 애는 하나, 둘 정도가 딱 적당하지 합니다.

세상엔 마음대로 되는 일보다 마음대로 되지 않는 일이 많습니다. 특히 자식 키우기는 마음대로 되지 않는 것투성이지요. 성격, 외모, 친구 관계, 훗날 직업까지 자식은 내 마음대로 커주지 않습니다. 그 중 단연 1등은 자식의 성별이 아닐까요? 어느 성별의 아이를 낳을지 확신할 수 있는 사람이 있을까요? '뭐 낳아라, 뭐 낳을 거다' 누군들 확신할 수 있겠습니까. 자식의 성별은 오직 '그분'만이 알거나 혹은 '그 유전자'가 결정하는 거지요. 당사자건 제3자건, 좌지우지할 수 있는 문제가 아닙니다.

아들만 키우는 엄마가 가장 많이 듣는 말. "아들만 있어? 엄마 너무 힘들겠다." "딸이 있어야지. 엄마가 나중에 외롭겠다." 딸만 키우는 엄마가 가장 많이 듣는 말. "딸만 있어? 나중에 아빠가 왕따네." "목욕할 때 등은 누가 밀어줘?" "든든한 맛이 없어." 남매를 둔 엄마들이 가장 많이 듣는 말. "그래도 동성 형제가 좋지. 은근히 돈도 많이 들고." 아이 키우는 엄마 중 '안 힘들다, 너무 좋다'고만 할 수 있는 엄마는 거의 없을 겁니다. 그런데 과연 자식의 숫자나 성별 때문에 힘든 걸까요?

누구든 짐작하지 맙시다. 자식이 하나라고, 둘, 셋이라고 '이럴 거다'라고 짐작하지 맙시다. 딸이라고, 아들이라고 '좋다, 나쁘다' 짐작하지 맙시다. 자신의 직간접 경험에 빗대어 짐작하지 맙시다. 그리고 성별 때문에 고민인 엄마들이여! 아이를 낳았을 바로 그때의 "건강하게만 자라다오" 했던 그 초심을 우리, 잊지 말아요. 누군가에겐 아이의 성별 고민, 그 자체만으로도 부러움일 수 있습니다. 우리, 소중한 생명을 주셨음에 그저 감사해요.

엄마 하길 잘했어

백유연 지음 | 씨드북

그림책 속 엄마는 전혀 몰랐습니다. 좋은 엄마가 되기가 얼마나 어려운지. 고집쟁이 아이를 잘 구슬릴 수 있을 만큼 지혜로워야 하고 장난을 쳐도 소리 지르고 혼내는 대신 너그러운 마음으로 차근차근 타이르는 게 얼마나 힘든 일인지. 그리고 엄마는 고백합니다. 너무 힘들어서 아이처럼 엉엉 울 때도 있다고. 천사같이 잠든 아이의 모습을 보며 세상 힘든 일을 모두 잊어버리는 엄마. 엄마는 또 고백합니다.

> 온 세상이 다르게 보이고,
> 그동안 알지 못했던 것을 배워가.
>
> — 책 속에서

'아들 셋'이라고 하면 "아이고!"라는 소리부터 듣게 됩니다. "힘들지? 고생 많다"고 얘기하니 저도 그저 자연스레 "괜찮아요"라고 말하게 됩니다. 하지만 가끔은 '정말 그렇게 힘들어 보이나?' 싶을 때가 있습니다. 혹은 '내가 힘들다고 말해야 만족하시겠지?' 하는 뾰족한 생각도 듭니다. 결론을 말할까요?

네, 힘듭니다. 하지만 항상 힘든 건 아닙니다.

아이가 셋이라서 편할 때도 있고 게다가 아들만 셋이라서 '득'이 될 때가 있습니다. 하지만 분명 '실'도 있지요. 똑같을 거라 생각합니다. 딸 하나라서, 아들 하나라서 좋은 만큼 힘든 점도 있겠지요. 외동, 다둥도 마찬가지고요. 세상은 공평합니다. 어떤 아이를 키우든지 우리들은 엄마가 되기 전에는 전혀 알지 못했던, 절대로 알 수 없는 것들을 배워가고 있습니다.

아이가 하나라서, 딸이라서 거저 키울 거라고 짐작하지 맙시다. 아이가 많아서, 아들만 있어서 항상 고될 거라고도 짐작하지 맙시다. 힘든 만큼 행복하고, 좋은 만큼 수고해야 하는 엄마의 삶이랍니다. 짐작만 갖고 평가하지 맙시다. 우리 엄마들이 평생 동안 가장 많이 하게 될 생각은 바로 이것일 테니까요. '엄마하길 잘 했어.'

○   왜?   ○

　예비 초등학생이었던 첫째는 참 궁금한 게 많았나봅니다. 어디를 가든, 무엇을 하든, 누구와 있든 "왜?"가 늘 입에 붙어있었거든요.

　"엄마, 왜 학교에 가야 해?"
　"엄마, 공룡은 왜 다 커?"
　"엄마, 조선시대에는 뭐하고 놀았어?"
　"엄마, 엄마 할머니는 왜 하늘나라에 가셨어?"
　"엄마, 왜 내 입으로 분 풍선은 하늘로 안 뜨는 거지?"
　"엄마, 바람은 어디에서부터 불어오는 거야?"

"엄마, 사람하고 인간하고는 뭐가 다른 거야?"

휴….
일반적인 질문부터 곤란한 질문, 난해하고 철학적인 질문까지. 하나하나 대답해주기가 참 쉽지 않습니다. 잘 모르는 부분도 있고, 이론적으로 설명해주자니 금방 말문이 막히게 되고, 간단하게 대답해주자니 아이가 신뢰하지 않는 것 같기도 하고 반짝이는 호기심 어린 아이의 눈빛이 조금 무서워지기도 했습니다.

물론 아이가 "왜?"라고 물어볼 때 마주 앉아서 책을 펼쳐보고 인터넷도 찾아보며 천천히 이야기 나눌 수도 있겠지요. 하지만 첫째가 질문을 던지는 순간은 항상 어린 동생이 옷깃을 잡고 징징거릴 때나, 정신없이 막내의 기저귀를 갈아줄 때나, 아기띠를 한 채 동분서주하며 식사 준비를 할 때나, 눈썹 휘날리게 출근 준비를 할 때나, 퇴근해서 어지러운 집안을 서둘러 정리하고 있을 때입니다. 이럴 때 첫째의 난처한 질문 세례가 쏟아지니 엄마는 항상 이렇게 말할 수밖에 없었지요.

"이따 얘기해줄게."
"잠깐 저기 가서 놀고 있어."
"나중에 아빠한테 물어봐."
"글쎄…, 모르겠다."
"어, 잠깐만 이것 좀 하고."
(정말 나쁜 엄마입니다. 흑.)

물음표쟁이 첫째가 또 다가왔습니다.

"엄마, 공부는 왜 해야 하는 거야?"

"그러게. 공부는 왜 해야 하는 걸까?"

"왜긴 왜야, 공부는 학생이니까 하는 거지. 학생이 되면 공부하는 거잖아."

아이의 당연하다는 듯한 대답에 잠시 말을 잇지 못했습니다. '학생이라서 공부를 한다, 학생이 되면 공부를 해야 한다.' 잠시 후, 천천히 마음을 다잡고 아이에게 말했습니다.

"그래, 학생들은 공부를 하지. 그런데 그냥 학생이 되었기 때문에 공부를 하는 건 아니야. 뭔가 이루고 싶은 게 있으니까 하는 거야. 어떤 직업을 갖고 싶어서 공부할 수도 있고 어떤 꿈이 있어서 공부할 수도 있는 거야. 엄마는 학생이 아닌데도 공부하는 걸? 너도 지금 학생이 아닌데도 공룡 공부하고 있잖아."

"이게 공부야?"

"그럼! 공룡 이름 외우는 것도 공부지!"

"우와, 공부는 재밌는 거네?"

"그럼!"

띄어쓰기를 몰라도 좋습니다. 두 자리 숫자 덧셈, 뺄셈을 하는 것은 중요하지 않습니다. 무엇보다 중요한 것은 '배우는 것'이 아닌 '흥미를 잃지 않는 것'이라 믿습니다. 흥미를 잃지 않도록 아이의 질문에 조금 더 귀를 열고, 눈높이를 맞춰야겠습니다. 네, 노력해야지요.

많은 전문가들은 말합니다. 아이의 호기심을 충족시켜주라고요. 아이의 질문을 무시하지 말라고, 아이의 세상에 대한 탐색을 적극 지지해주라고요. 마음 같아선 아이가 관심 보이는 것 하나하나에 세심하게 반응해주고 싶습니다. 핑계 같지만 몸과 마음이 바쁜 엄마는 아이의 호기심을 채워주기에 역부족입니다. 현실이 그렇습니다. 어떻게 설거지를 하다가 아이와 책을 펼쳐볼 수 있을까요? 어떻게 동생들을 돌보면서 동시에 아이와 눈을 마주치고 질문에 대한 이야기를 나눌 수 있을까요? 어떻게 주말마다 아이가 관심 가지는 것과 관련된 박물관, 전시관, 미술관, 체험관에 갈 수 있을까요? 핑계 같지만 핑계가 절대 아닙니다. 힘들겠지만 해야 한다고 말하는 사람이 있다면 정말 딱 하루 24시간만 대한민국에 사는 엄마의 일상을 체험해보라고 말해주고 싶습니다. 한편으로는 반성합니다. 엄마가 조금 더 움직이고, 시간을 할애하고, 잠시 쉬고 싶은 마음을 억누르면 되는 것인지도 모릅니다. 엄마는 아이의 세상에 대한 물음표를 존중합니다. 하지만 아이의 물음표를 100퍼센트 충족시켜주지 못하게 '만드는' 엄마들의 삶에 물음표를 던지고 싶습니다.

　우리는 왜 이렇게 힘들게 아이를 키워야 할까요?

Why? 왜 그래요?

트레이시 코드로이 글 | 팀 원스 그림 | 애플비

라노는 궁금한 게 아주 많은 꼬마 코뿔소입니다. 라노가 궁금한 것을 생각할 때면 "왜?"가 항상 따라다녔습니다. 라노의 엄마와 아빠는 궁금한 게 많은 라노가 박물관을 좋아할 거라고 생각해서 데리고 갔습니다.

라노는 박물관이 마음에 들었습니다. 그래서 어디를 가든 계속해서 질문을 했지요. "왜?" "왜?" "왜?" 라노는 아주 많이 물어보았지만 아직도 궁금한 것이 너무 많았습니다. 잠시 후, "아빠…." 라노가 졸린 목소리로 말했습니다. 라노는 집으로 가는 내내 조용했습니다. 밥을 먹을 때도, 목욕을 할 때도 말이에요. 라노가 잠자리에 들었을 때, 엄마와 아빠는 이제 라노에게 더 이상 궁금한 것이 남아있지 않을지 모른다고 생각했습니다. 정말 라노의 궁금증이 모두 사라졌을까요? 물론 질문쟁이 라노의 물음표는 끝나지 않았죠! 라노는 엄마 아빠가 아직 깨지도 않은 이른 시간에 일어나 또 "왜?"를 외쳤답니다. "엄마 아빠! 왜 아직도 안 일어났어요?" 하고요.

아이의 질문이 버거울 때가 있습니다. 쉴 틈 없이 쏟아지는 물음표 공세에 지칠 때도 있습니다. 그럴 땐 아이에게 도리어 이렇게 질문해보세요. "세상은 왜 이렇게 궁금한 게 많은 걸까?" "어떻게 하면 모든 걸 다 알 수 있을까?" 아이의 대답은 천차만별입니다. 아이의 질문을 무시하지 않고 존중하되 지금 바로 즉각적으로 대답해줄 수 없을 때는 상황을 짧게 설명하는 것도 좋습니다. 저는 가끔 이렇게 말합니다.

"지금 엄마가 대답을 못하면 우리 아들이 어떻게 될까?"

"엄마가 이것만 하고 말해준다고 하면 우리 아들은 기다려줄 수 있을까?"

호기심 많고 또 그만큼 질문이 많은 아이를 둔 엄마에게 추천하는 그림책입니다.

엄마의 스카프

 모두가 '예'라고 할 때 혼자서 '아니오'라고 말할 수 있는 용기, 있나요? 엄마가 되고 보니 줏대를 가지고 내 생각대로 사는 것이 얼마나 힘든지 절절하게 느낍니다. 아이를 낳은 순간부디 온전히 내 생각대로만 사는 게 참 힘들더군요. 아기띠나 유모차는 물론, 연령별 장난감부터 소소한 육아 용품, 교육기관, 사교육까지…. 엄마의 삶은 아이를 위한다는 명분으로 선택의 연속에 놓입니다. 그 속에서 용감하게 주관적인 선택을 하며 육아하기란 쉽지 않습니다. 특히 비교가 시작되면 걷잡을 수 없이 주관성을 잃고 말지요.
 첫째 아이의 치아가 나기 시작할 무렵의 일입니다. 뜨개질 태교 모임에서 알게 된 한 살 위의 동네 언니가 있었습니다. 비슷한 또래에 죽이 잘 맞아 아이를 출산한 후에도 서로의 집을 왕래하며 지냈었지요. 어느 날, 그 집에 가보니 언니의 딸이 바스락거리는 뭔가를 입에 물고 있었습니다. 식겁해서 빼주려고 하자 언니는 물고 빨아도 되는 치발기라며 웃었습니다. 알고 보니 천 안에 바스락거리는 비닐이 들어 있는 치발기더군요. 얼마나 신기하던지.

집에 와서 우리 아이를 보았습니다. 아주 보편적이고 평범한, 앞뒤가 바퀴 모양으로 생긴 치발기를 물고 있었습니다. 갑자기 내 아이에게도 그 집 아기가 가지고 놀던 일명 '바스락 치발기'를 물게 해주고 싶다는 생각이 들었습니다. 바로 인터넷 접속! '주문하기'를 누르고 '입금하기'만 남겨두고는 무척 설렜습니다. 우리 아이도 바스락 치발기를 손으로 구기고 입으로 물고 빨 수 있다고 생각하니 뿌듯했습니다. 지금 생각하면 참 웃긴 일이지만(치발기, 그게 뭐라고!) 그 당시에는 그렇게 뿌듯할 수가 없더군요.

처음이라 그런지 첫째를 키울 때는 다른 사람을 참 많이 의식했고, 또 많이 따라 했습니다. 좋고 유명하다면 꼭 필요한 줄로만 알았고, 다들 가지고 있는 건데 내 아이만 없다고 하면 괜히 속상했습니다. 아이에게 뭐든 해줘야만 좋은 엄마가 된 것 같았어요. 아이를 핑계로 작은 것에도 조바심 내던 그때를 생각하면 지금도 가끔 웃음이 납니다.

'옆집 아이는 뭘 배우네. 우리 아이도?'
'다들 이건 하나씩 있네, 우리 집에도?'

'벌써 글씨를 쓰네, 우리 아이는?'

많은 엄마가 비교와 모방 속에서 아이를 키웁니다. 몇 살 때 무얼 해야 하고, 몇 개월 때 무얼 경험시켜줘야 하며, 이 시기엔 이걸 꼭 읽혀야 한다는 보이지 않는 엄마 공식에 자신을 대입하곤 하지요. 아이를 낳기 전에 생각했던, 혹은 아이를 낳는 순간 다짐했던 나만의 육아법은 뒤로 젖혀둔 채 자연스럽게 누군가의 육아법을 따라 합니다.

그림책 《미어캣의 스카프》에는 멀리 여행을 떠났던 한 미어캣이 등장합니다. 그 미어캣의 목에는 다른 미어캣들이 보지 못했던 스카프가 둘러 있었지요. 미어캣 마을에 회오리처럼 스카프 바람이 불어 닥칩니다. 마치 초보 엄마의 마음을 조바심 나게 했던 치맛바람과도 같습니다. 타인과 끊임없이 비교하며 타인의 눈을 의식하고 타인과의 관계 속에서 아이를 바라보기 바빴던 그 시절. 지금 생각해 보면 그 시절의 엄마는 아이의 눈을 쳐다보는 것보다 항상 목을 길게 빼고 주변의 것들을 살피기에 급급했던 것 같습니다. 마치, 책 속의 미어캣처럼요.

미어캣의 스카프

임경섭 글그림 | 고래이야기

평화로운 아프리카의 미어캣 마을. 멀리 여행을 떠났던 미어캣이 목에 무언가를 두르고 돌아옵니다. "이건 빨간 스카프야. 가장 똑똑하고 사냥 잘하는 미어캣들만 이런 스카프를 두르고 있지."

스카프에 넋이 나간 미어캣들. 그 스카프만 있으면 더 행복해질 것 같아 스카프를 사기 위해 부지런히 먹이를 모으기 시작합니다. 하나둘 빨간 스카프를 목에 두른 미어캣이 늘어갑니다. 스카프가 없는 미어캣은 불안합니다. 불안할수록 더 사냥에 매달립니다. 아, 드디어 모두 붉은 태양빛 스카프를 갖게 되었어요. 그런데 똑똑하고 사냥 잘하는 미어캣들이 갑자기 하늘빛 스카프를 두르기 시작했어요. 미어캣 마을은 어찌 되었을까요? 한번 상상해보세요.

이 그림책은 색감이 무척 인상적입니다. 하얀 종이 위에 하얀 미어캣이 등장하지요. 색깔의 시작은 바로 '스카프'입니다. 붉은 태양빛 스카프에 이어 갑자기 나타난 하늘빛 스카프, 그리고 다시 달빛 스카프가 그림책을 채웁니다. 하지만 이 그림책에서 가장 인상적인 건 세계지도가 그려진 그림책의 맨 앞장과 뒷장입니다. 온통 하얗게 칠해져 있던 앞장의 세계지도가 마지막 장에서 어떤 색으로 채워져 있는지 꼭 확인해보세요. 타인의 이야기에 자꾸만 휩쓸리게 되는 엄마라면, 아이가 다른 아이들과 자신을 비교하려 한다면, 이 책을 함께 읽어보세요.

엄마 자존감

자아존중감.

　아이들을 키우며 가장 많이 신경을 쓰지만 가장 마음대로 안 되는 것 중 하나입니다. 아이들이 하는 말 중 가장 속상하고 화가 나는 말이 "난 안 돼…. 해봤자 난 안 될 게 뻔해" 같은 말이지요. 아이에게 엄마가 속상하니까 그런 말을 하지 말라고, 그런 생각도 하지 말라고 표현한 적도 있습니다. 하지만 생각해보면 자존감이 약한 엄마들도 참 많습니다. 저 역시도요. 아이를 낳고 나서 격하게 떨어진 자존감이 간혹 가다가 아무렇지도 않게 튀어나옵니다.

　"누가 저 같은 애 엄마를…."

"아줌마인데, 뭐. 무시당할 만도 하죠."
"우리 같은 애 엄마는 시도조차 하지 않는 게 나을지도…."
나도 모르게 이런 말들이 대화 사이에 자연스럽게 비집고 나옵니다. 비교대상을 두고 누구보다 못하다며 자존감을 낮추는 것이 아닌 자기 자신을 스스로 존중하지 않는 것이지요. 어떻게 이런 말들이 자연스럽게 나올 정도로 입에 익어버린 것인지 신기합니다. 웃자고 하는 말일지라도 너무 아무렇지 않게 우리의 자존감을 스스로 낮추고 있는지도 모릅니다.

"엄마, 난 왜 친구들보다 키가 작아?"
"엄마, 난 왜 친구들처럼 발표를 못할까?"
"엄마, 난 왜 친구들같이 달리기가 안 빠를까?"
초등학교에 입학한 지 4개월 정도 되었을 무렵 첫째가 친구들과의 비교가 쌓이고 쌓였는지 폭풍 질문을 하기 시작했습니다. 생각보다 자기가 친구들보다 못하고, 모르고, 뒤처지는 것들이 많다는 생각이 들었나봅니다. 초등학교 입학 전 신행 학습과 다양한 사교육이 일반화되어 있는 요즘 태권도장만 다닌 우리 아이가 뒤처지는 건 당연한지도 모르겠습니다. 남편과 함께 소신껏 세운 교육관으로 아이를 키웠기에 후회는 없었지만, 엄마로서 약간의 염려는 되더군요.
"키는 앞으로 클 거니까 걱정하지 마. 너는 밥도 두 그릇씩 먹는데 몸무게도 늘고 키도 점점 더 크지 않겠어? 아빠도 어렸을 때는 학교에서 1번 많이 했었대. 지금은 크잖아!"

"발표 못해서 속상했구나. 엄마도 발표 때문에 속상했던 적 많아. 손을 들고 싶은데 막 창피해지고, 친구들이 뭐라고 할까봐 걱정도 되고. 너도 그랬던 거지? 괜찮아. 한 번 딱 해보면 발표, 별거 아니더라고."

"달리기는 잘 못 하지만 넌 발차기에선 최고잖아. 완전 세게 팍! 달리기는 연습할수록 잘하게 된대. 아침마다 학교 교문 앞까지 달리기해서 가볼까?"

첫째가 자존감이 약한 것이 모두 엄마 탓인 것만 같아 속이 상합니다. 한 교육전문가가 말하는 걸 보니 자존감 형성에 가장 큰 영향을 끼치는 건 부모라던데, 제가 아무래도 뭔가를 잘못한 것만 같습니다.

아이가 자존감을 회복하면 자신감도 덩달아 올라갑니다. 다른 사람의 눈을 크게 의식하지 않고 다른 사람의 평가를 민감하게 받아들이지 않지요. 사교육에 의존하지 않으면서 아이가 '난 공부를 못하는 아이야'라고 생각하기보다 '난 공부는 좀 못하지만 이건 좀 잘하는 것 같아'라고 생각하며 공부도 노력하면 잘하게 될 거라는 믿음을 가져주길 바랐습니다. 그랬는데 지금 우리 아이는···.

하지만 아직 포기는 이르겠지요. 물가에 던져진 돌덩이 같은 아이의 말 한마디에 엄마의 불안함은 일렁이는 물결처럼 출렁이지만 애써 분위기 전환을 꾀하며 아들에게 물어봤습니다.

"건아, 엄마도 고민이 있어. 엄마는 왜 다른 엄마들처럼 예쁘지 않을까?"

아들은 내 얼굴을 힐끗, 쳐다보곤 이렇게 말했습니다.

"엄마가 화장을 잘 안 하니까 그렇지."

아, 그래도 엄마 얼굴이 못생겼다고는 안 했습니다. 참 고맙네요. 이어서 한 가지 더, 물어봤습니다.

"그럼 건아, 엄마는 왜 다른 엄마들보다 요리를 못할까?"

아들은 이번엔 엄마를 쳐다보지도 않고, 곧바로 대답합니다.

"엄마, 아빠가 그랬잖아. 그냥 사 먹자고. 사 먹으면 되잖아."

헉. 요리 자신감이 약한 엄마는 말문이 탁 막혔지만 자신 있습니다. 집 근처 맛집은 폐차고 있거든요.

"괜찮아. 엄마도 언젠가는 맛있게 요리할 날이 있겠지! 엄마는 '아직' 못하는 거야. 언젠간 잘할 거야!"

넌 (안) 작아

강소연 글 | 크리스토퍼 와이엔트 그림
김경연 옮김 | 풀빛

남과 비교하는 것은 아이, 어른을 가리지 않지요. 남의 시선이나 평가에 상처받는 것도 그렇고요. 자신이 가진 장점은 생각하지 못한 채 남이 가진 것을 의식하다 보면 어느새 우리의 개성은 다 없어지게 될 것입니다. 이렇게 생긴 이유가 있고, 저렇게 만들어진 이유가 있다는 것을 인정하고 나의 단점 또한 쿨하게 넘길 수 있는 힘, 바로 자아존중감의 첫 단추가 아닐까 싶습니다. 아이의 자신 없는 목소리에 연연하지 않고 엄마의 자존감을 먼저 보여주고자 노력해보려 합니다. 그때 필요한 책이 바로 이 그림책입니다.

엄마답다는 것

지금 제 머리는 앞머리 없이 어깨너머까지 긴 기장에, 살짝 파마를 한 스타일입니다. 고등학교 때부터 10년 넘게 긴 생머리를 고수했지만 첫째 아이를 출산한 이후로 줄곧 질끈 묶기 좋은 파마머리를 유지하고 있지요. '디스코'라 불리는 땋은 머리도 자주 합니다. 긴 머리를 오랫동안 해서인지 단발이나 짧은 머리를 관리하는 것에 익숙하지 않은 저로서는 최선의 선택이었습니다. 드라이를 하거나 스타일을 내는 것보다 그냥 묶고, 땋는 것이 편하니까요. 다른 엄마들에 비해 머리카락이 길어서인지 주변 사람들에게 참 많은 말을 듣습니다.

"애기 엄마가 무슨 머릴 그렇게 길러. 단정하게 다녀야지."
"애 눈 찌르겠어. 엄마가 머리 기르면 못써!"
저도 짧은 머리를 안 해본 건 아니었습니다. 하지만 긴 머리에 익숙해진 것인지 오히려 짧은 머리가 더 관리하기 어렵더라고요. 그리고 솔직히 약간의 반발심도 들었습니다.
'왜 엄마는 머리를 기르면 안 되는 거지?'

엄마가 되기 전엔 전혀 몰랐습니다. 엄마라는 이유만으로도 크고 작은 제약이 이렇게 많이 생길 줄은요. 그냥 긴 생머리가 가장 자연스럽고 편한 내 모습인데 아이를 낳는 그 순간부터 '아이 키우는데 비위생적이고 불편한' 머리가 되어버렸으니 정말 속상하고 억울할 뿐입니다. 그저 아줌마의 오춘기 반항일 뿐일까요? 아이의 건강이나 안전에 크게 해가 되지 않는다면 저는 엄마의 개성 아니, 본모습을 유지하는 건 나쁘지 않다고 봅니다. 엄마에게도 취향이 있고, 편하게 생각하는 익숙함이 있으니까요. 갑자기 하루아침에 '엄마로서의 바람직한 겉모습'을 바라는 것은 너무합니다. 하지만 사회 전반에는 엄마, 아줌마를 향한 고정관념이 두터운 것 같습니다.
'아이 엄마'라고 하면 어떤 모습을 떠올리시나요? 운동화에 편한 바지, 엉덩이를 가리는 티셔츠, 대충 묶은 머리, 민낯에 기저귀 가방 그리고 유모차 혹은 허리에 아기띠. 저도 이런 모습으로 몇 년을 지냈습니다. 하지만 그건 진짜 제 모습이 아닙니다. 저는 낮은 운동화에 고무줄 바지, 넉넉한 티셔츠, 고무줄로 묶은 머리, 옅은 화장을 한 얼굴로 한 손엔 가방 혹은 아이 과자 봉지…. 아, 영락없는 아기 엄마군요.

 잊어버렸습니다. 엄마 이전의 진짜 제 모습을. 결혼 전에 어떻게 하고 다녔었는지 기억이 가물가물합니다. 이제 조금은 나에게도 신경을 써야겠습니다. 나를 뒤로 두는 생활에 익숙해져버렸지만, 이제부터라도 조금씩 나에게 관심을 주어야겠습니다.

 가끔은 아이 없이 혼자서 외출하거나 일할 때에는 긴 머리를 늘어뜨려 바람결에 맡기고 싶습니다. 어깨 아래로 늘어진 머리카락을 뒤로 넘기며 손가락 사이로 흐르는 머리카락의 감촉을 느끼고 싶습니다. 집에서는 내내 끈 안에 갇혀 있어야 하는 제 머리카락에게 자유를 주고 싶습니다. 아기를 낳기 전엔 언제나 그랬듯이 말입니다.

 아기 키우는 엄마는 짧은 치마에 하이힐, 긴 생머리이면 안 되는 걸까요? 당연히 아이의 안전은 보장하고 말입니다. 저는 가끔 머리를 빨갛게 염색해 아이들이 어디서든 엄마를 단번에 찾을 수 있으면 어떨까 하는 생각도 해봅니다. 생각은 자유니까요! 사람들이 빨간 머리 아줌마라고 많이 놀릴까요? 그래서 혹 내 아이들이 상처를 받게 될까요? 휴, 그냥 부스스 긴 생머리나 잘 유지해야겠습니다. 지금 머리도 관리하기 쉽지 않은걸요, 뭐.

빨강 머리 토리

채정택 글 | 윤영철 그림 | 북극곰

머리카락이 유난히 갈색이었던 저는 학창시절, 학기 초마다 학생부 선생님께 자주 불려갔습니다. 염색 유무를 따지며 학생답지 못함을 지적받았지요. 그때마다 엄마를 통해 '염색 절대 안 했음' 확인을 해야 했습니다. 얼마나 억울하고 짜증이 나던지. 그때 이런 생각을 했습니다. '학생 머리가 갈색이면 어떻고, 금발이면 어때? 금발 백인이 우리 학교를 다녀도 학생답지 못하다고 할까? 중요한 건 머리 색이 아닌데. 정말 중요한 건 그런 게 아닌데!'

그래서 고3 때는 반항심에 목 바로 윗부분을 보라색으로 염색했습니다. 학교에서는 머리카락을 풀어 가리고, 교문 밖에서는 묶어 한 줄기 보랏빛 머리카락이 보이도록 내놓고 다녔지요. 결국 학생부 선생님께 걸렸지만요.

남과 다른 것에 스트레스를 받는 아이가 있다면, 타인의 시선과 지적에 속상해하는 아이가 있다면, 눈에 띄는 외모의 특징 때문에 움츠리는 아이가 있다면 이 그림책을 함께 읽어보세요.

맙소사!
꿈이 아니었던 거야.

안녕?
나는 도리야.
친구들은 나를 빨강 머리라고 놀려.

날씨를 알려드립니다

안녕하세요?
엄마의 날씨는 맑은 날이 많을까요, 흐린 날이 많을까요?
올 한 해 우리 엄마의 날씨를 알려드리겠습니다.

집 밖의 엄마는 아주 맑음이었다가 아이들이 요란법석 흔적을 남긴 집에 들어오자마자 회오리바람이 불 수 있겠습니다. 하지만 그러다가도 아이의 "엄마, 미안해" 하는 말 한마디에 금방 햇빛 쨍쨍으로 변하겠습니다.

엄마 뒤를 졸졸 따라다니는 아이들의 끊임없는 요구사항에 한때 폭풍 잔소리가 내릴 수도 있겠습니다만 또 언제 그랬냐는 듯 소나기 같이 시원하고 청량한 목소리로 "밥 먹자~!" 하고 가족들을 모을 수도 있으니 엄마 날씨에 항상 관심을 가져주시기 바랍니다.

그리고 밤이 되어 아이들의 눈꺼풀이 비를 머금은 구름마냥 무거워질 때면 엄마의 마음엔 촉촉한 단비가 내려 아이들 이마에 뽀뽀 바람을 일으킬 수도 있습니다. 포근한 품으로 따뜻함을 선물하는 엄마가 아가들 잠든 모습을 살필 때면 살짝 설레는 봄바람도 느끼실 수 있으니 마음껏 즐기시기 바랍니다.

하지만, 만약!

늦은 밤까지 아이가 잠을 안 자려고 발버둥을 칠 때면 번개가 한 번 번쩍, 두 번 번쩍거리다 큰 천둥소리와 함께 우르르, 쾅쾅! 할 수도 있으니 늦은 저녁 시간대부터는 수면을 위한 준비가 필수입니다.

참, 올해는 우리 집에 극심한 TV 가뭄이 일어날 예정입니다. 하지만 걱정하지 않으셔도 됩니다. 가뭄을 대신할 풍부한 그림책 홍수가 밀려들어올 것으로 예상되기 때문입니다. TV 가뭄 현상으로 인해 약속된 정해진 시간 외에는 TV 잎을 얼쩡거리지 않는 게 좋겠으니 사전에 필히 예방수칙을 잘 익혀놓으시길 바랍니다. 그림책은 큰 방, 작은 방, 놀이방, 거실, 화장실 언제 어디에서나 마주칠 수 있습니다. 마음 편히 즐기시기 바랍니다.

마지막으로 멀지 않은 어느 날, 엄마 마음속에 흐뭇한 지진이 일어날 예정이라고 합니다. 남편의 꾸준한 지지 그리고 아이의 폭풍성장과 봄비 같은 사랑 표현이 바탕이 되어 엄마의 자존감이 점점 올라가 기록적인 수치가 예상되기 때문입니다. 가족 모두 엄마의 웃음으로 시작되는 작은 행복 진동이 느껴지시면 함께 하하하 웃어주시기 바랍니다.

    이상, 우리 엄마 일기예보였습니다.

우리 집 일기 예보

하세가와 요시후미 글그림 | 김지연 옮김
책속물고기

엄마 머리 위에
먹구름이 몰려오고 있는 것 같아요…….
결국에는
천둥번개가 우르릉 쾅쾅!
하지만 저녁 무렵에는
고운 무지개가 둥실 떠오르고

우리 집 목욕탕에는
안개가 모락모락 피어올라요.

— 책 속에서

맑음, 흐림, 비, 폭풍, 태풍, 소나기, 안개, 한때 비, 구름, 눈, 바람. 뉴스 말미에 나오는 날씨 소식은 우리 세 아들에게 인기 만점입니다. "엄마, 내일 비 온대. 아, 놀이터에서 못 놀겠다" 하거나 "앗싸, 내일 비 온다, 장화 신고 나가야지" 하고 같은 날씨에도 다른 반응을 보입니다. 아이와 함께 읽으며 날씨로 기분을 표현할 수 있고 우리 집 상황을 날씨로 나타낼 수 있다는 걸 이야기해보세요. 그리고 물어보세요.
"오늘 너의 날씨는 어때?"

오늘 우리 집 날씨는
맑음!

엄마도
한 뼘 자랍니다

그래도 나는 내가 좋아

 엄마, 아내, 딸, 며느리, 연극예술강사, 연극치료사, 다둥맘, 아셋맘, 옆집 아줌마, 쇼핑객, 대중교통 이용객, 세입자, 산책하는 사람, 은행 고객, SNS 이용자, TV 시청자, 감성주의자, 독서가, 고기 애호가, 우리 아들 심리치유사, 우리 남편 심리전문가, 게으름뱅이, 마음 혼동녀….

 당신은 오늘 어떤 역할을 수행하셨나요? 어떤 가면을 쓰고 일상이라는 무대 위에서 열연을 펼치셨나요? 저는 오늘 친절한 엄마 가면을 썼다가 조금 화난 엄마 가면을 썼다가 다시 친구 같은 엄마 가면에서 나중엔 그냥 그런 엄마 가면을 쓰고 말았습니다. 그 어느 것도 제 역할 같지 않았고, 그 어느 것도 만족스럽지 않더라고요. 아이의 사소한 행동에 발끈하는 모습을 보면서 스스로 자책을 했건만 이내 그 자책은 망각되어 또 다시 아이에게 짜증을 냈습니다. 엄마의 역할 중 하나는 아이를 기다려주는 것이라는데 오늘의 전, 엄마 역할을 박탈당해도 할 말이 없을 것만 같아요.

성격personality의 어원은 가면페르소나, persona이라고 합니다. 엄마공감연구소를 운영하며 강의, 상담 등을 통해 '가면을 쓴 엄마'들을 참 많이 만났습니다. 만나는 엄마마다 성격도 다양하고, 그에 따라 개성 있는 엄마 가면을 쓴 채 육아를 하시는 분들이 많습니다. 때론 엄마 가면, 그 자체가 힘들어서 제 연구소를 찾기도 하시고 가끔은 엄마 가면을 벗기가 두렵다고, 혹은 엄마 가면을 쓰고 싶지 않다는 고백 아닌 고백을 털어놓습니다. 자신이 생각한 엄마의 모습과는 정반대인 본인의 모습에 당황하기도 하고, 어느 날은 아예 자포자기하게 된다고 하소연을 하기도 하죠. 또 요즘 사회가 강요하는 엄마 가면 때문에 마음 가득 불편함을 가지고 있다는 엄마도 있습니다. 일도, 살림도, 육아도 잘 해내야 하는 요즘 우리 엄마들. 그리고 그런 엄마들을 당연한 듯 평가하는 사회 분위기. 엄마 가면은 만능이라 생각하는 사회적 인식이 우리 엄마들을 참 힘들게 하지요.

혹시 육아서를 보고, TV 속 이상적인 엄마를 보고, 동네 엄마의 괜찮아 보이는 육아 팁을 듣고 그들의 가면을 따라 써보신 적은 없나요? 저는 있습니다. 하지만 며칠 몇 시간 가지 않아 이내 나 특유의 엄마 가면으로 돌아오게 되더군요.

엄마 가면. 어떤 가면이라고 생각하세요? 당신이 가장 많이 쓰는 종류의 가면은 어떤 건가요? 가장 버리고 싶은 가면은요? 가장 자주 쓰고 싶은 가면은요? 제가 가장 많이 쓰는 엄마 가면은 '잠깐만 기다려' 가면이고, 가장 버리고 싶은 가면은 욱하는 엄마 가면입니다. 그리고 가장 자주 쓰고 싶은 가면은 '엄마인 내가 먼저 행복함을 느끼는' 가면입니다.

하지만 아이들은 엄마가 어떤 가면을 써도 그저 우리 엄마이기에 좋아해주고 기다려주지요. 엄마들이 아무리 여러 가지 가면을 바꿔 쓴다 한들 아이들이 보기엔 그냥 우리 엄마일 겁니다. 우리는 생각만큼 아이들에게 다양한 모습을 보여주지 못하고, 그저 다양한 감정만을 표출하는 것인지도 모릅니다.

저는 오늘 요즘 세 아들이 가장 좋아하는 '파워레인저' 가면을 쓰려고 합니다. 씩씩하고 정의롭고 목소리 크고 자신감 넘치며 항상 변신할 준비가 되어 있는 파워레인저! 아이들이 엄마를 필요로 할 때 귀찮아하지 않는 파워레인저! 아이들이 잘못했을 때 짜증보다 마음을 먼저 읽어주는 파워레인저! 힘들 때 혼자 끙끙대지 않고 솔직하게 도움을 요청할 줄 아는 파워레인저!

"자, 나가신다! 파워레인져, 얍!"

치킨 마스크

우쓰기 미호 지음 | 장지현 옮김
책읽는곰

올빼미 마스크처럼 계산을 빨리 하지도 못하고 글씨도 잘 쓰지 못하는 치킨 마스크. 요즘 반에서 유행하는 씨름도 못하고 리코더도 잘 못 불고, 스스로 뒤처진 아이라고 생각하는 치킨 마스크. 어느 날 치킨 마스크는 운동장 구석에 핀 귀여운 꽃들에게 물을 줬습니다. 그리고 생각했지요. '내가 치킨 마스크가 아니라면 얼마나 좋을까?' 그러다 우연히 다양한 마스크가 흩어져 있는 것을 발견하고 그 가면들을 하나하나 써 봅니다. 올빼미 마스크를 쓰니 지금까지 풀리지 않던 문제가 술술 풀리고, 장수풍뎅이 마스크를 쓰니 힘이 좋아지고, 개구리 마스크를 쓰니 노래하는 즐거움을 알게 되었습니다. 그런데 어디선가 가느다란 목소리를 들려옵니다.
"치킨 마스크, 넌 마음이 참 예뻐. 이렇게 눈에 잘 띄지도 않는 우리한테 늘 물을 챙겨주잖아. 부탁이니까 다른 마스크가 되지 마."

오늘도 많은 엄마들이 자신이 만들어놓은 가면을 쓰고 하루를 버티고 있습니다. 진짜 나의 모습은 어느 순간부터 온데간데없이 사라지고 그저 누군가가 기대하는 역할만을 수행하고 있는지도 모르겠습니다. 언제부터인지 진정한 나는 잃어버린 채 필요에 의한 가면을 쓰고 벗는 엄마들. 저 역시 마찬가지입니다. '나는 누구지?' 하는 의문이 들 때나 자존감이 약해지거나 자신감이 떨어질 때 이 그림책을 펼쳐보세요.

이거면 됐습니다

참으로 오랜만에 첫째와 둘째만 데리고 대학 동기가 출연하는 아동극을 보러 가기로 했습니다. 어린이집에 혼자 가야 하는 막내에게는 미안했지만 항상 막내에게 양보하고 억울한 상황을 참아내는 형들과 간만에 지하철도 타고, 맛있는 것도 먹으며 즐거운 시간을 보내고 싶었거든요. 약속 전날 밤, 가방에 물이며 간식까지 잔뜩 챙겨 놓았습니다.

늦은 밤, 회사에서 퇴근한 남편이 콧물을 흘리며 컨디션 난조를 보이는 막내를 살피더니 무심한 듯 걱정스레 이야기 했습니다. "막내가 이런데 내일 갈 수 있겠어? 어린이집 보내지 말고 내일 하루 그냥 집에서 쉬게 하는 게 좋을 것 같은데. 애들하고 약속을 미루는 게 낫지 않을까."

'내일 하루 그냥 집에서 쉬게 하는 게 좋을 것 같은데…'라는 말을 듣는 순간 제 머릿속은 복잡해졌습니다. 물론 저도 막내가 감기에 걸린 건 알고 있었습니다. 하지만 증세가 그리 심하지 않았기에, 아니 솔직히 애써 외면하고 있었는지도 모릅니다.

갑작스런 스케줄 변경 및 추가는 큰 파장을 불러옵니다. 첫째와 둘째 아이의 기대감을 실망과 짜증으로 바꿔놓을 것이 뻔하고, 고맙게 초대해준 대학 동기에게 약속한 점심 식사도 취소해야 하고, 늦은 오후에 예정되어 있는 강의 일정에도 차질이 있을 테지요. 어디서부터 어떻게 일정을 조정해야 할지 대략 난감에 빠진 채, 막내에게 감기약을 먹이고 정성을 다해 막힌 코를 뚫어주며 초조하고 찜찜한 마음으로 아침을 맞이했습니다.

우려는 현실이 되고 말았습니다. 아침이 되자 막내에게 열이 나기 시작하더군요. 먼저 설렘 가득 안고 일어난 아들 둘을 어르고 달래 아빠 편에 어린이집으로 보내면서 옷을 입고, 공연에 초대해준 대학 동기에게 미안함을 가득 담은 문자 메시지를 보내면서 양치를 했으며, 강의 관계자에게 현재 상황을 알리고 죄송한 마음과 양해를 구하는 전화를 하면서 열이 펄펄 나는 막내에게 옷을 입혔습니다. 그리고 물 한 모금 마실 틈도 없이 단단히 아기띠를 한 채 가까운 병원으로 향했지요. 출근한 남편은 알까요, 아내에게 주어진 하루의 몫을?

워킹맘은 아시죠? 아이가 아플 때 가장 많이 눈치 보이고, 가장 신경 쓰고, 가장 속상한 건 '엄마'라는 사실을요. 그 누구보다 더 자책감을 느끼면서 힘들어한다는 사실을요. 엄마에게 아이의 건강은 그 무엇보다 1순위이지만 일하는 엄마에게 아이의 갑작스런 병치레는 난감한 상황 1순위이기도 합니다.

약 기운 탓인지 집에 있어서 컨디션 회복이 빨랐는지 모르겠지만 처져있던 막내는 어느새 기운을 차려 온갖 물건을 꺼내 지지고 볶고 요리를 합니다. 지쳐있는 엄마에게 맛보라며 잉잉 애교를 부립니다. 씩 웃어도 보입니다.

엄마는 생각합니다. '그래, 이거면 됐다.' 그렇죠, 뭐 이거면 됐습니다. 우리 아이가 안 아프면 된 거죠. 우리 아이가 건강을 다시 회복하면 된 거죠. 정신없이 바빴던 순간순간들도 다 괜찮습니다. 우리 아이가 웃음을 되찾았다면!

출동! 약손이네

정지윤 만화 | 홍학기 감수 | 보리

만화책처럼 재미있고 그림책처럼 이해가 쉬운 이 책은 '아픈 사람들이 스스로 치료할 수 있게 돕는 책'이라고 소개되어 있습니다. 간단한 치료법과 재미있는 건강정보 그리고 유용한 건강관리 노하우까지 아이들 눈높이로 설명해놓았습니다.

첫째가 하도 들춰봐 표지가 너덜너덜해질 정도로 낡아진 그림책이기도 합니다. 때로는 학습만화처럼, 때로는 그림책처럼 보며 엄마가 체했다고 하면 얼른 이 책을 들고 와 손가락 어디를 누르면 좋은지 알려주기도 하더군요. 뭔가 자신이 엄마에게 해줄 수 있는 게 없을까, 엄마에게 칭찬받을 수 있는 일이 없을까 눈동자를 굴리는 아이와 함께 보세요. 그리고 어디가 아픈 척 살짝 연기해보세요. "엄마 여기가 좀 마이 아파!" 하고요.

나는야, 짱구 아줌마

짱구, 마빡, 빛나리, 반짝이 등등. 어릴 적부터 저의 별명은 한결같이 짱구 이마와 관련된 것이었습니다. 부모님과 어른들은 백만 불짜리 이마라고 했지만 저는 이마는 물론, 별명도 무척 마음에 안 들었습니다. 사진만 찍으면 번뜩! 광이 나는 이마. 아무리 앞머리를 내려도 갈라지는 넓은 이마. 무엇으로든 커버하기 힘든 유독 볼록한 이마.

하지만 저의 콤플렉스는 스물한 살 대학 시절, 한 선배의 스치듯 지나간 한마디로 싹 사라졌습니다. (그 시절에도 동기들에게 마빡이라고 불리고 있었더랬죠.) 한창 졸업 공연 준비로 학교에서 밤샘 연습을 할 때였지요. 무대를 지켜보던 한 선배가 피로회복제를 건네며 말했습니다.

"무대에 아무리 배우가 많아도 관객석에서 너 밖에 안 보인다, 야. 네 이마가 조명을 다 흡수하거든. 반짝반짝 빛나는 배우네, 넌."

그때부터인 것 같습니다. 손으로 이마를 가리지 않은 채 자신 있게 사진을 찍기 시작한 때가. 일부러 앞머리를 내지 않고 마음껏 올백 스타일을 즐기기 시작한 때가.

세상에 콤플렉스가 없는 사람은 없겠지요. 우리 아이들도 마찬가지고요. 얼굴 생김새가 불만인 아이도 있고, 그림을 못 그려서 미술 시간만 되면 유독 자신감이 없는 아이도 있고, 아무리 연습해도 늘지 않는 운동신경에 위축되는 아이도 있고, 얼굴에 난 점이나 흉터 때문에 늘 남의 시선을 의식하는 아이도 있습니다.

우리 둘째에게도 오른쪽 눈 밑에 선명한 점이 하나 있습니다. 원래는 상처였지만 클수록 점이 되었지요. 생후 50일도 안 되어 호흡기 질환으로 대학 병원에 입원해 산소줄을 코에 연결하고 있었습니다. 그 줄을 고정시키는 테이프를 붙이고 떼는 과정에서 신생아의 여린 피부 조각이 떨어지면서 아주 작은 상처를 남겼습니다. 그것이 색소침착을 일으켜 점점 까매지더니 나중에는 점처럼 되어버렸지요. 아주 작은 상처였는데 아이의 얼굴이 커가며 그 상처 또한 커지더군요.

놀이터에 가면 모르는 아이들이 "너 눈 밑에 김 붙었냐?" 혹은 "여기 초인종이다, 띵동! 띵동!" 하며 놀리는 통에 아이보다 엄마인 제가 얼마나 더 속상한지 모릅니다. 일곱 살이 된 지금 물어보면 "괜찮아. 내 친구들이 놀리면 '근데, 어쩌라고!' 하면 되지, 뭐"라고 씩씩하게 대답하지만 여리고 감성적인 둘째가 과연 그렇게 할 수 있을지 의문입니다. 저도 말해주곤 합니다.

"원래 있던 점이 아니니까 엄마가 나중에 크면 없애줄 거야. 그러니까 그때까지만 놔두면 돼. 엄마는 지금도 좋아. 만약에 널 잃어버리면 그 점 때문에 널 더 빨리 찾을 수 있을 테니까. 그래서 더 안심이 돼. 너도 엄마 잃어버리면 엄마 이마에 있는 흉터를 잊지 말고 찾아와!"

장난인 듯 진심인 듯 말하는 엄마를 보며 아이도 웃고 저도 따라 웃었습니다.

아이들이 크고 작은 콤플렉스로 힘들어할 때, "뭐 그까짓 게 고민이라고. 괜찮아" 식의 어쭙잖은 위로는 금물입니다. 저 역시도 그런 위로가 더 상처가 되었거든요. 아이가 남과 다른 어떤 점으로 아파할 때, 아프고 속상한 마음까지 보듬어줄 수 있었으면 좋겠습니다. 또 그것을 매력으로 승화시킬 포인트를 찾아 짚어주며 진심어린 위로의 한마디를 해주고 싶습니다.

짧은 귀 토끼

다원시 글 | 탕탕 그림
심윤섭 옮김 | 고래이야기

꼬마 토끼 동동이가 있습니다. 동동이는 다른 토끼들과 달리 귀가 짧고, 둥글고, 토실토실해서 마치 버섯 같습니다. 엄마는 동동이가 귀엽고 특별하다고 말해주었지만 동동이에게는 들리지 않습니다. 그저 속만 상했지요. 동동이는 귀를 길쭉하게 만들기 위해 다양한 방법을 생각해냅니다. 채소밭에 물을 주듯 자신의 귀에 물을 주기도 하고 빨래집게로 귀를 집어 빨랫줄에 매달리기까지 합니다. 그래도 귀가 길어지지 않자 모자로 꽁꽁 숨기고 다니기도 하지요.

남과 다른 무언가 때문에 상처받는 아이가 있는 것처럼 엄마도 상처받을 때가 있습니다. 그저 남과 다르다는 이유 하나만으로요. 아무리 발버둥 쳐도, 그 어떤 방법을 써도 남과 같아질 수 없음에 하루하루가 속상하고, 매일매일 괴롭지요. 어떻게 하면 좋을까요? 남과 똑같아지면 모든 게 해결될까요? 하나만 기억하고 있으면 좋을 것 같습니다. "남과 다르다는 게 틀린 것은 아니다."

남과 다른 누군가에게 부정적인 시선을 던지는 이들에게도 말하고 싶습니다. "남과 다르다는 게 나쁜 것은 아니다." 나와 다른 누군가에게, 나와 다른 아이에게 상처 준 적은 없었나 돌아봐야겠습니다.

상상하기도 싫은, 생각만 해도 슬픈

"난 엄마 옆에 꼭 붙어 있을 거야."

유독 겁이 많은 둘째가 자기 전에 옆구리를 파고들며 말합니다. TV 프로그램에서 엄마를 잃어버린 아이의 사연을 보고 나서인지 다른 날보다 잠자리에 들면서 불안하고 걱정되는 마음이 컸나봅니다. 함께 보다가 눈물을 훔쳤는데 우는 엄마를 보며 감성 충만한 둘째도 같이 훌쩍였거든요.

"엄마가 우리 아들 지켜줄게. 엄마는 절대로 우리 아들 안 잃어버려. 알았지? 걱정하지 마. 만약에라도 잃어버려도 우린 서로 찾을 수 있어. 너 엄마 아빠 이름도 알고 핸드폰 번호도 잘 외우잖아. 그치? 네가 혹시라도 까먹어도 엄마가 널 찾을 거야. 진짜야. 알았지?" 하며 토닥토닥 안아주었더니 품에 쏙 파고드는 둘째.

 아이를 키우는 엄마라면 한 번쯤 경험해보는 일 중 하나가 바로 아이를 잃어버리는 일입니다. 생각만 해도 아찔하고 상상만 해도 가슴이 쿵! 내려앉는 끔찍한 일이지요. 하지만 엄마라면 그 아찔하고 끔찍한 일을 한두 번은 겪게 됩니다.

 저 역시 사람 많은 곳에서 잠깐 눈을 뗀 찰나에 아이를 잃어버린 경험이 몇 번 있습니다. 첫째는 초등학교에 입학한 지 얼마 되지 않았을 때 잃어버린 적이 있습니다. 하교 후 만나기로 학교 앞 장소에서 서로 길이 엇갈려 헤매다가 정말 어렵게 찾았습니다. 1학년이니 알아서 집에 올 수도 있었지만 혹시나 하는 마음에 얼마나 애가 탔는지 모릅니다.

 둘째는 외출하는 길에 바로 집 앞에서 잃어버렸었습니다. 아이가 자전거를 가지러 간다기에 "엄마, 저기 서 있을게!"라고 소리를 치고 길가에 서 있었는데 아이는 제 목소리를 제대로 듣지 못했었나 봐요. 자전거를 가져온 아이는 집 앞에서 하염없이 엄마를 기다리다 결국 울음을 터뜨렸고, 저는 노심초사하며 저 나름대로 길에 서서 기다리다 집 앞에서 우는 아이를 발견한 적이 있지요.

 막내는 집 앞 놀이터에서 잃어버렸었어요. 아빠랑 세 아이가 집 앞 놀이터에서 재밌게 노는 모습을 보고 후다닥 청소를 할 겸 저 혼자 집에 돌아왔는데 몇 시간 후 첫째와 둘째가 "엄마, 막내는?" 하며 집으로 돌아왔습니다. 혼비백산하고 뛰쳐나가 보니 남편 또한 놀이터에서 막내를 찾고 있더군요. 순간 정신이 나갔습니다. 슬리퍼만 신고 머리는 풀어헤친 채 큰 소리로 아이 이름을 외치며 아파트 단지 이곳저곳을 정말 미친 사람처럼 뛰어다녔습니다. 그러다 다시 남편과 마주친 놀이터에서 전 이성을 잃었습니다. "아니, 애를 어떻게 본거야!" 하고 소리를 치는데 놀이터 벤치에 앉아계시던 한 아주머니가 말을 거시더군요. "혹시, 쟤 아니에요?" 오 마이 갓! 놀이터 한 구석 그네에 얌전히 앉아있는 우리 막내가 보였습니다. 그네를 타고 있던 다른 아이들에 가려 작은 체구의 막내가 잘 보이지 않았던 것이지요. 얼마나 놀라고 얼마나 다행이고 얼마나 어이가 없고, 얼마나 창피했던지 모릅니다.

  아이를 잃어버린 일이 하나의 해프닝으로 끝날 때마다 저는 가슴을 쓸어내리기도 하고, 눈물을 흘리기도 하고, 두근거리는 가슴을 진정시키기 위해 애써 숨을 내쉬기도 했습니다. 그리고 생각했습니다. '이렇게 잠시 잠깐 사이에도 천국과 지옥을 왔다 갔다 하는데 정말 아이를 잃어버린 부모는 하루하루가 얼마나 힘들고 눈물이 날까.'
  한순간에 부모 품을 잃어버린 아이들이 따뜻한 부모 품에 폭, 안길 수 있는 날이 오기를 기원합니다. 아니 애초에 아이들이 포근한 부모 품을 잃어버리는 일이 절대로 일어나지 않기를 기원합니다. 부모를 잃어버린 아이도, 아이를 잃어버린 부모도 언젠가는 서로의 품으로 찾아가길 간절히, 간절히 기도합니다.

조막이

홍영우 글그림 | 보리

아버지 목소리야!
조막이를 삼킨 잉어가 아버지의 낚싯대에 걸린 거야.
잉어를 바구니에 넣으려는데
"아버지! 아버지!"
부르는 소리가 잉어 배 속에서 들려.
아들 목소리야.
아버지는 놀라서 눈이 휘둥그레졌지.
잉어 입을 벌리니까 아들이 툭 튀어나와.
"아이고 큰일 날 뻔했구나! 우리 아들을 영영 잃을 뻔했네!"
"이젠 혼자 맘대로 돌아다니지 않을게요."
"오냐, 오냐 우리 아가."
조막이는 아버지 어머니와 오래오래 행복하게 살았대.
아마 지금도 살고 있을 걸.

— 책 속에서

조막이는 늙도록 아이가 없던 부부가 당산나무에 가서 빌고 또 빌어 어렵게 얻은 아이입니다. 아이가 너무 작아 조막이라고 불렀다고 하지요. 힘들게 얻은 소중한 아이, 너무 작기에 더 애지중지 키운 아이를 잃어버린 부모의 심정은 어떠했을까요. 세 아들에게 물어보았습니다.

"조막이를 잃어버렸을 때 엄마 마음은 어땠을 것 같아?"

첫째 아들이 말했습니다. "슬프지. 눈물도 나고. 엄마도 나 잃어버리면 울 거야?" 둘째 아들이 말했습니다. "맞아, 슬프지. 엄마는 나를 찾을 때까지 내 생각만 할 걸." 셋째 아들은 이렇게 말하더군요. "속상하겠지. 근데~ 엄마. 만약에 엄마를 안 만나면 경찰한테 핸드폰으로 집을 찾아오도록 요청하면 되잖아. 그치?" 아이의 천진난만한 대답에 전 그저 씩 웃고 말았습니다.

이 작고 소중한 내 아이를 잃어버린다는 것. 그것은 상상만 해도 가슴 한 구석이 아려오는 일입니다. 우리 오늘도 아직 어린 우리 아이의 손을 꼬옥 잡고 놓지 않기로 해요.

아셋맘, 바로 저입니다

사람들은 아무렇지 않게 말합니다.
엄마 중에 가장 불쌍한 엄마는 바로, 아들만 있는 엄마라고.
사람들은 스치듯 말합니다.
엄마 중에 가장 외로울 엄마는 바로, 아들만 있는 엄마라고.
사람들이 강조하며 말합니다.
엄마 중에 가장 힘없을 엄마는 바로, 아들만 있는 엄마라고.

불쌍하고 외롭고 힘든 삶을 산다는 '아들맘'. 그런 아들을 셋이나 키우고 있는 저는 처음 본 사람에게조차 '참 안됐다'는 시선을 많이 받습니다. 항상 긍정적인 관심만 받으며 살아오지 않았지만 첫인상이 그리 좋은 편도 아니었지만, 그래도 이토록 부정적인 시선을 한꺼번에 받아본 적이 없는지라 처음엔 참 당황스러웠습니다.

첫째는 다섯 살, 둘째가 세 살일 때 막내를 임신하자 부정적인 관심이 최고조에 이르렀습니다. 남산만한 배로 한 손엔 첫째 아이 손을, 또 다른 손엔 둘째 아이 손을 잡고 길을 걷다 보면 마주 오는 사람도, 뒤에 있던 사람들도 한마디씩 하시더군요. "어머, 왠일이야"부터 "미치겠다. 셋째인가봐!"까지.

아, 셋째를 낳고 나서도 한동안 최고조였네요. 유모차 속에 갓난아기를 태운 채 첫째와 둘째가 유모차의 양옆을 호위하듯 따라 걷다 보면 정말 생전 처음 듣는 이야기를 많이도 들었습니다.

"엄마가 목매달이네. 무슨 욕심이 그리 많아 아들만 낳았누."

"애기 엄마가 재수도 참 없고 재주도 참 없다. 딸 하나 낳았음 좀 좋아?"

"전 아들 하나도 벅찬데 어떻게 셋이나 키우세요? 진짜 사는 게 아니시겠어요."

"아들 다 필요 없어, 늙어 혼자 외로워서 어쩌려고. 며느리 좋은 일 시켜 뭐할라꼬?"

평소 알던 지인부터 생전 처음 보는 사람까지 저에게 상처를 주는 이야기를 참 다양하고 거칠게 내뱉었습니다. 사람들이 한마디씩 건넬 때마다 함께 있던 아들은 저에게 물었습니다. "엄마, 왜 엄마가 외로워?", "엄마 저 사람 알아? 왜 엄마한테 뭐라고 해?"라고 묻는 아들들에게 전 그저 웃어줄 수밖에 없었지요.

아이가 말귀를 알아듣기 시작하면서부터는 "엄마, 내가 딸이었어야 되는 거였지?"라고 되물어보기도 했습니다. 그럴 때마다 저는 정말 그 사람을 다시 불러 세워 뭐라고 하고 싶었습니다. 나를 아시냐고, 왜 그런 말을 하는 거냐고, 만일 내가 당신 딸이나 손녀라고 해도 면전에 대고 그런 말을 할 수 있겠느냐고요.

하지만 아이와 함께 있는 엄마는 약자입니다. 무조건 약자입니다. 자신에게 욕을 하든 또 그 어떤 부당한 일을 당하든지 간에 아이와 함께 있는 엄마는 무조건 약자입니다. 그런 부정적인 이야기를 아이와 함께 있을 때 듣게 되면 아이에게 해가 될 수도 있기에 그저 무시와 회피라는 방법을 선택했습니다. 내가 아무리 상처받는다고 해도, 내 마음이 아무리 뭉그러진다 해도 아이의 안전이 우선이니까요.

'에이, 설마 정말 아이하고 같이 있는 엄마 면전에 대고 그렇게 말하겠어? 애기 엄마가 아들 셋이라 자격지심으로 그렇게 너 민감하게 느끼는 거겠지' 하고 생각하시는 분도 계시겠지요. 전 이렇게 말하고 싶습니다. "아쉽습니다. 저도 정말 제가 예민해서 더 민감하게 느낀 거라고 말씀드리고 싶습니다. 하지만 전 정말 그런 일을 상당히 많이 겪었습니다. 사실 그 이상의 경험도 있었습니다. 셋째 아들을 임신했을 때부터 지금까지요."

이 아이의 이름은 '엄마라는 아이'이다.

엄마는 겉으로는 "괜찮아" 하지만

속에 있는 엄마는 "괜찮지 않아" 하며 울먹인다.

― 박성만, 《엄마라는 아이》 중에서

아들 셋을 운운하며 "그래, 힘들지?" 하는 말을 들을 때면 "괜찮아요"라고 말하지만 마음속 깊은 곳에서 분노가 일렁입니다. 아들 셋을 키워서 힘든 게 아니라 그저 엄마이기에 힘든 거라고, 아들 셋 때문에 힘들어도 내가 힘든 것이니 그런 측은한 눈으로 바라보지 말고, 마음 없는 위로 말고 그냥 모른 척 지나쳐달라고 소리치고 싶습니다.

괜찮지 않습니다. 엄마는 누구나 괜찮지 않습니다. 딸맘도 괜찮지 않고, 아들맘도 괜찮지 않습니다. 외동맘도, 다둥맘도 괜찮지 않습니다. 형제맘, 남매맘, 자매맘도 괜찮지 않습니다. '아셋맘'이라서 괜찮지 않은 게 아니고 그저 엄마라서 괜찮지 않습니다. 하지만 엄마들은 괜찮다고 말하고 싶습니다. 괜찮지 않은 만큼 괜찮아지는 행복을 느끼고, 괜찮지 않은 만큼 괜찮아지는 힘을 주는 존재가 있고, 괜찮지 않은 만큼 딱 그만큼 괜찮아지는 시간을 선물받기 때문입니다.

그 아이가 바로 나야

유다 아틀라스 글 | 다니 케르만 그림
오주영 옮김 | 포이에마

이 그림책은 페이지마다 창문이 그려져 있습니다. 그리고 한 유대인 소년이 딴지를 걸 듯 질문을 하고 이야기를 합니다. 알고 보면 그 이야기들은 '동화 같은 시'이기도 하지요. 읽으면서 평소에 보던 그림책과는 느낌이 달라 책 정보를 찾아보니 이스라엘 동화책이었습니다. 선문답 같기도 하고, 아이의 철없는 질문 같기도 한 이 그림책은 어른들에게는 어렸을 적 들었던 머릿속 물음표를 다시 만나게 해주고, 아이들에게는 엉뚱한 질문과 대답을 통해 철학적인 재미를 느끼게 해줍니다. 아이와 페이지마다의 창문을 바라보세요. 그리고 함께 두드리듯 서로에게 질문해보세요.

품을 내어준다는 것

아이들이 아침에 깨면 제일 처음 하는 일.
첫 번째, 엄마의 위치를 파악한다.
두 번째, 약한 척(?)하며 엄마 품에 안긴다.
세 번째, 엄마 품에 안겨 '더 잘래'라고 말한다.
너무나 평화롭고 행복한 순간이지요. 하지만 팔이 두 개뿐인 아들 셋 엄마에게 이 시간은 하루의 시작인 동시에 오늘의 전쟁 서막을 알리는 신호탄과도 같습니다. 큰 녀석, 작은 녀석, 막내 녀석 순서대로 시간차를 두고 일어나면 참 좋은데 꼭, 거의 대부분, 서로 짠 듯이, 동시에 깨거든요.

이 녀석도 안아달라, 저 녀석도 안아달라, 제일 작은 꼬맹이는 엄마를 향해 안아달라고 두 팔 벌리고 있다가 결국 짜증과 울음을 터트립니다. 꼭 그런 상황에서 출근 준비를 하던 '제일 큰 아들'이 저를 부릅니다.

"여보, 혹시 그거 못 봤어?"

남편의 부름에 전 아이들을 뒤로 하고 도망갑니다. 그러면 엄마 품을 향해 1등으로 슝 하고 돌진하는 첫째와 2등으로 다다다 뛰어오는 둘째. 마지막으로 아장아장, 철퍼덕! 형들에게 질세라 한바탕 요란하게 오는 막내. 물론 엄마 품을 당당히 차지하는 것은 꼴찌였지만 가장 어리고 약하다는 이유로 우리 막내이지요.

가끔은 이 모든 것들이 귀찮고 싫어질 때도 있습니다. 항상 품을 내어주는 것이 지겹고 나도 누군가의 품이 그리워질 때도 있거든요. 매달리는 것도, 안기는 것도 이래저래 서글퍼질 때가 있습니다. 바로 그럴 때가 바로 엄마에게 '위로가 필요한 순간'입니다.

'애쓰고 있다, 잠깐 쉬어가렴'이라고 말하는 누군가의 따스한 손길이 필요하고, '잠깐 쉬고 있어, 이건 내가 할게'라고 말하는 누군가의 작은 도움이 기다려지고, '여기 앉아봐, 어깨 좀 만져줄게'라고 말하는 누군가의 다정하고 편한 스킨십이 절실합니다. 엄마의 몸과 마음이 "날 좀 쓰담쓰담 해줘!" 하고 소리치고 있습니다. 하지만 이상하지요. 꼭 그럴 때 집은 난장판이고, 꼭 그럴 때 주변엔 아이들뿐이니 말입니다.

도움을 주는 손길도, 스킨십도 기대하기 힘든 그런 날엔 가만히 누워봅니다. 누워만 있어도 지친 마음과 딱딱하게 굳은 몸이 금세 기운이 나고 말랑해지니까요. 허나 엄마 꽁무니 따라다니기 좋아하는 아이들이 엄마를 그냥 놔둘 리가 없죠. 엄마 배 위로 올라오고, 다리를 밟고, 머리카락을 당겨댑니다. 거기다 원치 않는 허그까지. 그렇습니다. 엄마에게는 가만히 누워있을 잠깐의 여유마저도 없습니다. 하긴 화장실도 마음대로 못가는 게 현실인데 가만히 몸을 눕힐 수 있는 자유라니요, 하하.

우연히 '포옹을 많이 하는 사람은 감기에 덜 걸린다'는 신문기사를 보았습니다. 카네기 멜론 대학에서 연구한 내용에 따르면 포옹이 스트레스 해소와 면역 체계 보호에 도움을 준다고 하네요. 또한 혈압을 낮추고 죽음에 대한 공포를 잠재우며, 심장을 건강하게 하고 고독한 느낌을 없애준다고 합니다. 역시, 엄마의 포옹은 만병통치약이군요!

아이들이 빨리 커서 넓은 가슴으로 엄마에게 포근한 만병통치약을 주었으면 합니다. 그리고 굵고 낮은 저음의 목소리로 말하는 거지요. "어휴 우리 엄마, 아들 키우느라 고생 참 많았겠다. 이제 내가 잘 할게, 엄마. 아들만 믿어" 하고. 드라마를 너무 많이 본 건가요? 그래도 아들이 셋인데 한 명쯤은 이렇게 말해주겠지요? 엄마의 수고를 치하해주고, 고생을 인정해주고, 못 지킬 약속일망정 따뜻하게 말해주고 엄마를 향해 언제나 허그를 외칠 그런 아들 녀석 하나쯤은 있겠지요? 그날을 위해 오늘도 앉아서도, 누워서도, 졸려도, 밥 먹으면서도, 잘 때도, 아파도 프리허그입니다.

안아 드립니다

프쉐맥 베흐테로비치 글
에밀리아 지우박 그림
길상효 옮김 | 씨드북

집에 거의 다다랐을 무렵, 아기 곰이 갑자기 이마를 탁 치며 말했어요.
"아빠, 누구 하나 빠트린 거 같은데요?"
깜짝 놀라 아기 곰을 바라보던 아빠 곰이 고개를 떨구며 한숨을 푹 내쉬었어요.
"다 안아준 거 같은데."
그리고 아기 곰에게 물었어요.
"누굴 빠트린 게 맞니?"
"맞아요. 확실해요."
"모르겠는데. 죽었다 깨도 모르겠어. 도대체 누굴 빠트린 거지?"

아기 곰이 아빠 목에 매달리며 말했어요.
"서로 안아주는 걸 빠트렸잖아요!"
아빠 곰과 아기 곰은 한참을 웃고 또 웃었어요.
그리고는 사랑을 가득 담아 서로를 있는 힘껏 안아 주었어요.

― 책 속에서

안아주는 것을 유독 좋아하는 아이가 있습니다. 또는 안길 때 가장 안정감을 느끼는 아이도 있지요. 안아주는 것도, 안기는 것도 참 좋은 느낌을 줍니다. 특히 아이와 아빠의 포옹은 엄마까지 행복하게도 하지요. 아빠를 그리워하거나 아빠와의 관계가 어색한 아이가 읽으면 좋을 것 같습니다. 아빠와 읽으면 더 좋겠지만 엄마랑 읽어도 상관없지요. 아이에게 포옹의 따스함과 가족 사이의 사랑을 자연스럽게 느낄 수 있도록 해주는 예쁜 그림책입니다. 있는 힘껏 안아주었다는 마지막 장면이 엄마와 아이 모두의 마음속에 오래 남았으면 합니다.

냄새나는, 달콤한 도망

둘째 아들이 여섯 살이었을 때쯤의 일입니다. 어느 날부터 어린이집에서 돌아오면 제 주변을 빙빙 돌며 감시 아닌 감시, 단속 아닌 단속을 하더라고요. 놀 때도 꼭 장난감을 제 곁으로 가져와 놀고, 화장실에 갈 때도 불안한 듯 제 위치를 수시로 확인하며 볼일을 보았지요. 문제는 아이보다 저였습니다.

화장실에서 볼일을 보고 있으면 빼꼼히 문을 열곤 "엄마!" 하고 부르며 수시로 제가 있는지, 언제 나오는지, 왜 안 나오는지 확인을 하기 시작했고 자다가도 자기 얼굴 옆에 제 얼굴이 없으면 몇 번이고 벌떡 일어나 "엄마, 어딨어?" 하고 막무가내로 울었고, 잠깐 이불을 털거나 간단하게 장을 보러 나가려고만 하면 다다다 뛰어와 "엄마, 나도 갈래. 나도 데리고 가!" 하며 신발부터 신었지요.

아무래도 아이가 잘 때 육아 스트레스를 풀러 혼자 심야 영화를 보러 몇 번 나갔던 것이 화근이었나 봅니다. 정말, 밤공기가 간절했던 터라 남편만 믿고 나갔는데 한번 잠들면 아무 소리도 못 듣는 남편의 잠버릇을 너무 간과했던 것이지요. 자신의 부름에도 아무도 답하지 않아 불안해지기 시작한 아이는 언제 올지 모르는 엄마를 기다리며 몸을 떨며 울다가 잠들어버렸던 겁니다. 그래서 그 경험이 트라우마처럼 '엄마가 언제 내 옆에서 사라질지 몰라'라는 생각을 가지게 한 게 아닌가, 짐작해보았습니다.

마음 한편이 짠해옵니다. 그놈의 밤공기, 밤마실이 뭐라고, 육아 스트레스가 뭐라고, 소중하고 예쁜 우리 아들을 불안에 떨게 했었는지 자책감이 들었습니다. 1년에 영화 한 편 보기도 참 쉽지 않은 엄마입니다.

사실 억울하고 답답하기도 합니다. 아무리 아이를 키우는 엄마이지만 엄마들에게도 밤을 즐길 시간이 필요하잖아요. 꼭 술자리가 아니더라도 혼자 심야 영화도 볼 수 있고, 밤 산책을 할 수도 있고, 낮과는 다른 밤의 풍경을 시골에서 처음 도시에 상경한 사람처럼 낯선 시선으로 구경해볼 수도 있는 거 아닌가요. 열두 시면 집으로 가야 하는 신데렐라처럼 아이가 집에 오는 하원, 하교 시간에 맞춰 개인 일과를 모두 끝내야 하는 우리 엄마들. 아니, 그 많은 살림을 도맡아하는 신데렐라도 밤 열두 시까지는 밖에 있을 수 있는데 우리 엄마들은 살림에 애까지 키우는데 아이들이 오는 그 순간부터는 혼자서 현관문 밖으로 한 발자국 떼기 힘든 게 말이 되나요?

아, 그런데 요즘 잠시 잠깐 숨 돌릴 '달아날 거리'가 생겼습니다. 아이들도 따라간다고 보채지 않고, 울며불며 기다리지 않고, 소리소리 지르며 가지 말라고 하지 않는 외출. 아이들이 현관문 앞에서 얼른 갔다 오라며 손까지 흔들어주는 달콤한 외출.

바로 음식물 쓰레기를 버리는 시간입니다. 음식물 쓰레기봉투를 흔들며 "엄마, 금방 다녀올게!" 하면 아이들은 냄새나는 그것들을 쳐다보며 "어, 엄마. 다녀와!" 하지요. 물론 집 밖에 나가기 전 집 안 안전을 확인하는 건 엄마의 습관이자 버릇입니다. 그 후 가벼운 발걸음으로 현관문을 열 때의 쾌감이란!

길어봤자 5분 안쪽으로 끝나는 이 시간은 그야말로 짧고도 달콤한 일탈 순간입니다. 나갈 때는 콧노래를 흥얼거리고, 들어올 때는 팔을 쭉 뻗으며 스트레칭을 하기도 합니다. 또 어떨 때는 고개를 들어 밤하늘을 보고 시원한 밤공기를 들이마시며 얼른 애들을 재워야겠다고 다짐을 하기도 하지요. 또 가끔은 컴컴하고 으슥한 곳에서 남편에게 전화를 해 007 작전을 펼치듯 아이들이 잠든 후 단둘이 공유할 야식 지령을 내리기도 합니다.

여러분은 잠시 잠깐 어떻게 달아나시나요?

어떻게 달아나지

윤구병 기획 | 보리 글
하민석 그림 | 보리

"발소리를 듣고 잽싸게 달아났어요."
토끼가 말했어요.
"꼬리를 끊고 달아났어요."
도마뱀이 말했어요.
"가시를 바짝 세웠어요."
고슴도치가 말했어요.
"죽은 척했어요."
너구리가 말했어요.
"등딱지 속에 꼭꼭 숨었어요."
거북이 말했어요.
"방귀를 뀌었어요. 내 방귀 냄새가 독하거든요."
족제비가 말했어요.
모두 깔깔 웃었어요.

― 책 속에서

도깨비 할아버지 생일날, 초대받은 동물들이 도깨비 할아버지 댁으로 가는 길에 배고픈 여우에게 잡아먹힐 뻔했지만, 모두 기지를 발휘해 도망칩니다.

아이들에게 정말 가르쳐야 할 것 중 하나는 바로, '스스로를 지키는 능력'일 것입니다. 이 그림책은 동물들이 저마다 스스로를 지키는 방법을 담고 있습니다. 기발한 방법으로 위기를 모면하는 동물들의 이야기를 아이와 함께 읽어보세요.

엄마에게도 가끔은 정말 도망가고 싶을 때가 있습니다. 마음이 복잡하고 기분이 안 좋을 때, 아이들이 불규칙적으로 "엄마, 엄마" 하고 부를 때, 집중해야 하는 순간인데 아이들이 너무 소란스럽고 번잡하게 행동할 때, 잠깐 모든 걸 멈추고 그 상황에서 빠져나오고 싶습니다. 아주 잠시만 엄마를 가만히 놔두면 좋을 텐데 아직 어리고, 눈치 없고, 이기적인 아이들은 엄마를 한시도 가만히 두질 않습니다. 물론 엄마를 가만히 둔다고 해도 엄마는 그리 멀리 도망가지도 못합니다. 아이들만 집에 두고 훌쩍 도망갈 수 있는 엄마가 세상에 몇이나 될까요. 막상 도망친다 한들 별로 갈 곳이 없기도 하지요. 어휴, 결국 도망쳐봤자 아이들 손바닥 안입니다.

너는 결코 혼자가 아니란다

 큰아이가 초등학교에 입학한 지 보름째. 아침마다 유모차에 막내를 앉히고 양옆으로는 두 녀석을 매달고 학교와 어린이집으로 세 녀석을 각자의 위치에 데려다주고 나면 몸과 마음이 완전히 지친 상태가 됩니다.

 학교에 갓 입학한 다른 아이들은 저마다 엄마의 손을 마주 잡고 신나게 학교를 향하는데 두 어린 동생이 있는 우리 첫째는 엄마의 손은커녕 유모차 한쪽 손잡이를 겨우 잡고 등교를 하지요. 아이와 눈을 맞추며 "학교에 가서 친구랑 재미있게 놀다 와, 신나게 공부해"라고 이야기해주고 싶지만 이것저것 신경 쓸 게 많은 저란 엄마는

"빨리, 빨리!"를 외치기 일쑤입니다. 차라리 혼자 등교하게 하고 웃는 얼굴로 보내줄 것을…. 그래도 아직은 혼자 등교하는 게 영 마음이 놓이질 않아 욕심을 부립니다. 학교 가는 길에 지나야만 하는 두 개의 건널목도 마음에 걸리고, 학교까지 한눈팔지 않고 잘 갈까 염려도 되기 때문이지요. 하지만 곧 혼자 보내는 연습을 해야겠지요. 아이에게 조심스레 물어보았습니다.

"내일부터는 혼자 가는 연습해볼까, 어때?"

"당연히…, 괜찮아! 할 수 있어. 혼자 가야지, 나도 1학년이니까."

생각보다 자신만만하게 이야기하는 아이가 얼마나 기특하던지. 정말 한 뼘 더 컸구나, 싶었습니다. 하지만 5분도 채 지나지 않아 은근슬쩍 곁으로 다가오는 아들.

"엄마, 근데에~ 있자나아~. 학교 가다가 목이 마르면 어떡하지? 쉬가 마려워도 꾹 참고 학교 가야겠지? 그리고오~ 엄마가 아무리 보고 싶어도 참아야겠지?"

역시, 우리 아들입니다.

내일부터는 조금 일찍 일어나서 남편 출근 준비, 첫째 등교 준비, 둘째와 막내 등원 준비를 모두 마치고 제 몸단장까지 대충 끝내놓고 아이들을 깨워야겠습니다. 새내기 1학년 아들에게 "빨리, 빨리" 재촉보다는 "천천히 준비해, 엄마가 기다릴게" 하고 여유로운 목소리로 말하고 싶거든요.

문득 사회생활을 처음 시작했던 스무 살 시절이 떠오릅니다. 생전 처음 하이힐을 신고 하루 종일 지내야 했기에 아침이면 다리가 탱탱하게 부었었지요. 그런 저를 엄마는 아침마다 발마사지로 깨워주셨습니다. 일어날 시간이 되면 "아침이야. 힘들지? 한 5분만 더 누워있다 일어나" 하며 그 5분 동안 제 발밑에 앉아 발바닥부터 발가락, 발등, 발목 순으로 주물러주시며 잠이 깰 때까지 기다려주셨지요. 잠결의 그 순간이 얼마나 달콤하고 시원했는지 모릅니다. 저는 그런 엄마를 당연한 듯 받아들였고, 고맙다는 인사 한 번 제대로 못했습니다. 그때는 정말 철이 없었던 것 같아요. 막내딸 밥 먹고 가라고 아침 일찍부터 정갈하게 밥상을 차려주셨는데도 시간 없다는 핑계로 그저 물 한 잔만 홀짝 마시고 도망치듯 출근했던 게 비일비재 했었으니까요. 그때 엄마의 마음이 얼마나 서운하고 안타까웠을까요. 참 못난 딸이었습니다.

아침에 일어나기 힘들 때마다 그때의 엄마가, 그때의 내가 생각납니다. 엄마가 발을 만져주시던 그 느낌은 어른이 되어서 힘들고 지칠 때면 떠오르는 애틋한 추억이 되었고, 제 자존감의 밑바탕이 되었습니다.

내일 아침에는 이불 속 우리 아들의 발을 만져주며 모닝콜을 해야겠습니다. 잠투정을 하면 나긋나긋한 목소리로 "그래, 많이 졸리지? 10분 후에 다시 깨워줄게. 좀 더 자" 하며 다리 전체를 쪼물 쪼물 마사지 해줘야겠습니다. 그리고 유모차 때문에 손을 나란히 맞잡을 수는 없어도 눈은 마주치고 미주알고주알 이야기 나누며 등굣길을 함께해야겠습니다. 저도 나의 엄마가 그랬던 것처럼, 아직은 서툴고 어색할 우리 아이의 학교생활의 시작을 기분 좋게 맞이할 수 있도록 해주고 싶거든요.

'아들. 엄마가 보고 싶어도 이젠 참아야 해.
하지만 너무 급하게 하지 말자. 쉬엄쉬엄 천천히 여유 있게 하자.
언젠간 엄마 품을 떠날 너인데 뭐가 급하다고 혼자 서는 연습을
엄마가 섣부르게 시키겠니. 천천히 조금씩 해보자.
아들아, 기억해. 네가 아무리 혼자 걸어도
너는 결코 혼자가 아니란다.'

나는 혼자가 아니에요

콘스탄체 외르벡 닐센 글 | 아킨 두자킨 그림
정철우 옮김 | 분홍고래

겁 많은 아이, 라스가 처음으로 엄마 없이 혼자서 학교에 갑니다. 학교 가는 길에는 어둡고 긴 숲이 있습니다. 라스는 무섭고 두렵고 떨리는 마음에 자꾸만 엄마가 있는 집 쪽을 돌아보게 됩니다. 오래오래 엄마를 보고 싶지만, 학교를 향하는 걸음을 내딛을 때마다 점점 작아지기만 하는 엄마. 학교로 가는 길은 너무 멀기만 합니다. 어디선가 이상한 소리도 들립니다. 또 라스 쪽으로 무언가가 빠르게 달려오기도 합니다. 라스는 학교까지 무사히 갈 수 있을까요?

아이를 처음 혼자 학교에 보내는 엄마의 마음은 불안, 초조 그 자체입니다. 한눈팔진 않을까, 건널목은 잘 건널까, 엄마를 찾으며 울진 않을까, 알던 길도 헤매는 건 아닐까… 몰래 뒤쫓아 가고 싶을 정도로 걱정이 되지요. 아무리 학교가 가까워도 엄마의 마음은 편하지 않습니다. 왜일까요?

엄마도 아이처럼 모든 게 처음이기 때문입니다. 내 아이와 떨어지는 '처음', 내 아이의 뒷모습을 바라보는 '처음', 첫 사회생활이라 할 수 있는 학교에 보내는 '처음.' 엄마의 그런 마음은 아이에게도 그대로 전달이 되겠지요.

이 그림책을 통해 서로 걱정하는 부분, 염려되는 부분을 큰아이와 이야기해보기도 했습니다. 엄마도 아이도 우리 결국 잘 해낼 거라 서로를 응원하며 말이죠.

걱정쟁이 엄마

'잠자리에 들 때면 아침에 엄마가 없을까봐 걱정. 학교에 갈 때면 그사이 전쟁이 일어나면 어쩌나 걱정. 가족과 여행을 갈 때면 혹시나 누가 아프면 어쩌나 걱정. 친구와 놀 때면 이렇게 좋은 친구가 이사라도 가버리면 얼마나 허전할까 걱정.'

어릴 적 유독 소심했던 저는 쓸데없는 걱정이 참 많았습니다. 정말 심각한 걱정들부터 걱정이라고 말하기에는 참 사소했던 것들도 있었어요. 친구와의 작은 다툼이라도 생기는 날엔 잠도 못 자고 고민했습니다. 기분 좋은 일이 생겨도 '이렇게 기분 좋은 일이 또 생기지 않으면 어쩌지' 했던 걸 보면 그때 뭔가 심리적으로 문제가 있었던 게 아닐까 싶습니다.

그런 제게도 걱정을 안 하는 유일한 순간이 있었습니다. 바로 책을 읽는 때였습니다. 책을 읽다 보면 내가 책 속 주인공이 되었다가 나쁜 사람도 되었다가 공주도 되어보고 당찬 성격의 어른도 되어볼 수 있었기에 걱정보다는 상상을 더 많이 하게 되었지요. 책을 좋아하기 시작한 것도 그때부터였습니다. 한번 보기 시작하면 마지막 페이지를 넘길 때까지 책을 놓지 못했던 저는 혼자만의 세계를 조금씩 키워가며 걱정을 달고 살지 않는 내 모습을 상상해보곤 했습니다. '소심한 성격이 아닌 리더십 있는 나', '하고 싶지만 쑥스러워서 참는 것이 아닌 하고 싶으면 번쩍 손을 드는 나', '감정이 복받쳐 오르면 눈물부터 흘리는 게 아닌 속 시원히 할 말 다 하는 나.'

그렇게 상상만 하던 저는 초등학교 고학년이 되면서부터 조금씩 변하기 시작했습니다. 운동회 때 응원단을 꾸려 학급 친구들에게 응원가를 써서 돌리기도 하고, 반 임원으로 뽑히면 뒤로 빼지 않고 목소리 큰 아이들과 어울리며 제 목소리를 냈습니다. 어른이 된 지금 어릴 때 모습을 떠올려보면 '빼빼 마른 몸, 하얀 얼굴'이 가장 먼저 생각나지만 한편으로는 책을 통해 '걱정쟁이'에서 '긍정쟁이'로 바뀐 제 모습도 떠오릅니다.

그랬던 제가 엄마가 되고 또다시 걱정쟁이가 되었습니다.

'잠자리에 들 때면 내가 잠든 사이 아이가 아플까봐 걱정. 아이가 어린이집이나 학교에 갈 때면 밥을 잘 챙겨먹을까 걱정. 가족 여행을 갈 때면 괜히 엄마 욕심으로 아이를 힘들게 하는 건 아닐까 걱정. 친구와 놀이터에서 노는 모습을 볼 때면 이렇게 예쁜 아이들이 언젠가 내 곁을 떠날 그날이 벌써부터 걱정.'

　걱정쟁이 엄마에게 가장 큰 적은 불안이겠지요. 불안과의 싸움이 진정한 육아의 승리라고 믿는 저에게 걱정은 불안의 씨앗입니다. 아무리 안 하려 애를 써도 어느 순간 '~하면 어쩌지' 하는 생각을 하는 제 모습을 볼 때면 '걱정을 사서 한다'는 말이 절로 생각납니다. 아이가 멀쩡한 자신을 두고 이런저런 걱정만 하는 엄마를 보며 어떤 생각이 들까 하는 고민도 있습니다.
　'걱정쟁이 아이'였던 제가 책을 통해 변하기 시작했듯이 '걱정쟁이 엄마'가 된 저에게도 뭔가가 필요한 시점이라고 생각했습니다. 책보다 집중력을 요하지 않으면서 책만큼 큰 효과를 낼 수 있는 어떤 것. 바로 '의식하기'였습니다. 나도 모르게 아이 걱정을 하고 있다면 얼른 정신을 차려서 '어? 내가 또 아무 문제없는 아이를 걱정하고 있네. 괜한 걱정을 하면서 시간 낭비를 하고 있구나' 하고 내 상태를 객관적으로 의식하는 것이죠. 그런데 이런 의식을 하고 있으면서도 동시에 또 걱정을 할 때도 있습니다. 이때를 놓치지 않는 게 중요합니다. '걱정하는 나를 의식하고 있으면서 동시에 이런 나를 또 걱정하고 있네. 표정은 무표정이고 눈 깜빡임도 느려지고' 하며 또 의식하기를 시도하지요. 의식하기를 지속적으로 하다 보면 멍한 상태가 되기도 합니다. 졸린 것도 같고 초점이 자꾸만 흐려집니다. 주변의 소음도 적어지고 내가 생각하는 것만 머리 위로 둥둥 다니는 것 같습니다. 하지만 의식하기를 반복하다 보면 나를 좀 더 객관적으로 볼 수 있습니다. 나의 행동이나 생각이 명확해지고 때로는 나 자신에게 용기를 줄 수도 있지요. "진짜 의식하려고 노력하고 있구나! 잘하고 있다. 힘내!" 하고요.

물론 아무리 의식을 한다고 해도 걱정이 아예 사라지지는 않습니다. 불안감이 적어지거나 쓸데없는 걱정이 조금 줄어든 정도이지요. 아무래도 엄마가 되는 순간부터 걱정과 행복은 동전의 앞뒷면처럼 찰싹 붙어 있는 것 같습니다. 내 분신과 같은 아이의 안전을 지키고 웃음을 잃지 않게 해주려는 엄마의 기본 전제라고나 할까요?

세상의 모든 엄마는 걱정쟁이입니다.

소중한 내 아이의 엄마라서 걱정쟁이입니다.

걱정쟁이 공룡 조마

브라이언 모스 글 | 마이크 고든 그림
김서정 옮김 | 꿈꾸는꼬리연

"엄마, 엄마가 없어지면 난 어떡하지?"
"엄마, 자다가 꿈에서 못 깨면 어떻게 하지?"
아이들이 잠자리에 누웠을 때 종종 엄마에게 하는 질문입니다. 저는 늘 이렇게 이야기 하죠.
"걱정하지 마, 엄마가 옆에 꼭 붙어있을 거야. 널 잃어버려도 엄마가 꼭 찾을 거고, 네가 못 깨면 네 꿈속으로 가서 널 깨워줄 거야. 걱정하지 마, 엄마가 있으니까."
하지만 이렇게 이야기하면서도 걱정은 한가득입니다. '아이가 왜 이렇게 불안해하지? 내가 뭘 잘못한 걸까?' 하고요.
꼬마 공룡 조마는 걱정이 너무 많아서 창밖으로 날아가지 못합니다. 자기가 제대로 못 날 거라고, 또는 제대로 땅에 내려앉지 못할 거라고 생각하거든요. 날이 저물면 내일 해가 안 뜰까 봐 걱정이 돼요. 엄마는 조마에게 걱정 상자를 만들어주었습니다.
"네 걱정거리를 작은 종이에 적어서 이 상자에 넣으렴. 그런 다음, 밤마다 자기 전에 걱정 종이를 하나씩 꺼내서 함께 이야기해보자꾸나."
조마는 걱정 종이를 꺼내 이야기할 때마다 큰 걱정거리가 조금씩 줄어드는 것 같았어요. 작은 걱정거리는 아예 사라지는 것 같았고요. 용기를 낸 조마가 창가에서 날 준비를 하자 아빠가 잠깐만 날라며 소리쳤습니다. 그러자 "제 걱정은 마세요. 괜찮을 거예요." 조마도 소리칩니다.

걱정이 많은 아이, 아직 일어나지도 않은 일을 두려워하는 아이와 읽어보세요. 함께 읽으며 엄마도 아이도 최근 가장 큰 걱정거리가 무엇인지 고백해보세요.

○   엄마가 바쁠 때, 아이가 아플 때   ○

오늘의 할 일.

아들 셋 등교, 등원시킨 후 주민 센터에 요가를 배우러 갔다가 목욕탕 가기, 목욕 후 바로 집에 와서 청소하기, 밀린 강의 일지와 계획안 쓰기, 개인 상담 진행, 첫째 아이 학교 준비물(오카리나) 사기, 시장에서 과일 사기, 집에 가는 길에 자전거 타이어에 바람 넣기, 은행 업무 보기, 저녁거리 대충 해놓고 셋째 아이 하원 시키기, 집 앞에서 첫째와 둘째 아이 기다리기.

어제 아이들과 잠자리에 들며 바쁠 오늘을 기대하고 대비했습니다. 할 일 리스트를 작성하고 에너지를 최소한으로 소비하도록 가장 효율적인 동선을 짰지요. 계획대로만 움직인다면 많이 피곤하지 않게 제법 짜임새 있게 보낼 수 있을 것 같았습니다. 마치 1분 1초가 바쁜 연예인이 매니저에게 하루 일정을 보고 받듯 나 자신과 스케줄을 공유하고 몇 번이나 확인했습니다. 하지만 모든 일에는 돌발 상황이 있고 세상일은 늘 뜻대로 되지 않지요.

새벽녘, 막내의 고열이 시작되었습니다. 밤새 해열제와 체온계, 약간 축축한 손수건을 곁에 두고 거의 뜬눈으로 밤을 지새웠습니다. 첫째와 둘째를 대충 챙겨 학교와 어린이집으로 보낸 후에야 서둘러 막내를 데리고 병원을 향했습니다. 마음 같아서는 열이 펄펄 나는 아픈 아이와 바로 병원으로 가고 싶었지만 그럴 수가 없었습니다. 아픈 막내를 데리고 형들의 등교, 등원길을 함께하려니 얼마나 속상하고 걱정이 되던지요. 미안함을 무릅쓰고라도 친정엄마를 부를 걸, 후회되었습니다. 병원에 가니 의사 선생님께서 목이 많이 부었다며 하루 집에서 푹 쉬면서 약을 복용하라고 하십니다.

순간 많은 것들이 머릿속을 스쳐 지나갔습니다. 진짜 간만에 개운하게 하려던 목욕 계획과 꽤 오래전부터 선약되어 있던 상담, 밀린 일지 등을 다시 미뤄놓고, 아들 준비물은 나중에 구입하고, 과일은 직접 확인하지 못하더라도 그냥 동네 슈퍼에서 배달시켜야겠구나…. 열이 나 뜨거워진 아이를 안고 약국으로 향하며 잠시 속상한 생각을 했습니다.

'왜 하필 오늘 아프고 난리니. 엄마가 오늘은 몸이 열 개라도 모자

란 바쁜 날인데.'

그러나 쌕쌕거리는 숨으로 잠든 아이를 보며 금세 후회했습니다. 아이도 아프고 싶어서 아픈 게 아닐 텐데, 바쁜 엄마 사정을 알고 아픈 게 아닐 텐데…. 제가 잠시 정신을 놓았나봅니다. 엄마에게 있어 아이의 건강보다 더 중요한 게 어디 있다고 어리석게 아이 탓을 한 걸까요.

막내의 갑작스러운 고열을 맞이하면서 문득 갑작스럽게 아이가 아플 때 엄마들이 겪을 삶의 혼란이 느껴졌습니다. 주변 도움도 없이 오롯이 육아를 떠맡고 있는 전업맘들은 이런 상황에서 어떻게 했을까? 주변 도움이 있다 해도 늘 동분서주 바쁜 워킹맘들은 어떨까? 만약 아이가 여럿이라면 얼마나 더 힘들까?

솔직히 저는 아이가 아픈 것보다 내가 계획했던 하루 일과 중 단 하나도 실천에 옮기지 못했다는 사실에 짜증이 났던 것 같습니다. 그러니까 아이가 아프다는 사실보다 하려 했던 일들을 못하게 된 것이 싫은 거였죠. 아이 때문이 아니라 나 때문에 힘든 것입니다.

생각을 살짝 다르게 해보면 아이의 건강관리에 소홀했던 엄마의 마음을 다잡는 하루가 되었을 수도 있고, 빠듯하고 바쁘게 계획적으로만 살려고 했던 제게 아이를 돌보며 한숨 돌릴 수 있는 값진 시간이 생기게 된 것일 수도 있습니다. 더 긍정적으로 생각해보면 비록 아파서 안타깝지만 막내에게만 무한 사랑을 나눠줄 수 있는 단란한 하루가 생긴 것이겠지요.

아이보다 중요한 것은 없습니다. 아이의 건강만큼 소중한 것은 없습니다. 엄마들은 그것을 너무 잘 알고 있기에 자신을 희생해야 하는 상황이 와도 그렇게 많이 억울해하진 않는 것 같습니다. 최악의 상황에서도 최대한 긍정적으로 그것들을 이겨낼 수 있습니다. 엄마는 누구나 그럴 것입니다.

바람이 살랑살랑, 따스하게 붑니다. 우리 아이의 머리카락이 기분 좋게 날릴 정도로. 온 가족이 건강한 바람만 쐴 수 있기를! 엄마의 마음으로 바라봅니다.

엄마의 마음

프랜 호지킨 글 | 로라 J. 브라이언트 그림
꿈단지 옮김 | 어썸키즈

아이들에게 엄마란 언제나 든든한 나무이고 비빌 언덕이겠지요. 엄마는 언제나 아이들 곁을 지키고요. 하지만 나무도 되고 언덕도 되어주는 그 삶 속에서도 엄마 자신의 삶을 지켜내고 싶은 욕구가 있습니다. 그러나 마음대로 잘 되지 않는 것이 현실이지요. 우선순위가 내가 아니라 아이이기 때문입니다.

네가 만약 내 아기 곰이라면 말이야.
나는 너를 겨울의 어둠 속에서 데리고 나와
봄의 따뜻한 햇살을 맞이하게 할 거야.

네가 만약 내 아기 여우라면 말이야.
나는 너와 함께 뛰고 구르고 달리며
네가 건강하고 영리하게 자랄 수 있도록 도와줄 거야.

네가 만약 내 아기 스컹크라면 말이야.
나는 네가 어떤 행동을 하기 전에 다른 사람에게
미리 경고를 주려면 인내심을 가져야한다고
가르쳐줄 거야.

— 책 속에서

이런 마음을 우리 아이들은 알까요? 절대 모르겠지요. 어려서 모르는 게 아니라 알 필요도 없습니다. 아이에게 있어 엄마는 늘 곁에 있어주는, 그래야만 하는, 늘 그래왔던 존재이니까요. 하지만 가끔은 아이에게 엄마의 삶을, 엄마의 소망을, 엄마의 꿈을 알려주세요. 그리고 이 그림책을 읽으며 아무리 엄마만의 인생이 중요해도 나에게 1순위는 '너'라고 말해주세요.

흔들린 엄마

 '아냐. 이게 아닌데 왜 난 자꾸만 친구의 여자가 좋을까? 이러면 안 되지 하면서 왜 내 맘속엔 온통 그녀 생각뿐일까?' 가수 홍경민의 노래 〈흔들린 우정〉 가사입니다. 가끔 아이의 학교 부모들과의 커피 모임을 하고 오면 이 노래를 이렇게 바꿔 부르곤 합니다. '아냐. 이게 아닌데 왜 난 자꾸만 친구의 학원이 좋을까? 이러면 안 되지 하면서 왜 내 맘속엔 온통 학원 생각뿐일까?'

 영어 회화 학원, 스토리텔링 수학 학원, 호기심 과학 학원, 독서 논술 학원, 미술 학원, 피아노 학원, 수영 교실, 바이올린 학원 등등. 참 고민이 많습니다. 단념하다가도 어느새 스르륵 다시 고민하게 되고 포기하다가도 또 어느새 나도 모르게 계산을 하고 있습니다.
　'다른 애들은 영어 그림책도 읽는다는데⋯.'
　'우리 아이는 아직도 사람을 졸라맨으로 그리는데⋯.'
　'이제 수학이 어려워지는 시기라던데⋯.'

　또래 아이들이 배운다는 것들을 들을 때면 조바심이 나고 걱정이 되는 걸 보면 저도 어쩔 수 없는 대한민국의 엄마인가 봅니다. 초등학교 3학년이 된 첫째와 이제 막 입학한 둘째는 태권도장만 열심히 다니고 있습니다. 줄넘기, 피구, 잡기놀이 등 다양한 신체 활동과 함께 분기별로 떡볶이 파티나 벼룩시장 같은 이벤트를 자주 하는 태권도장은 아이들에게 최고의 신체 에너지 발산 장소이자 사회성 발달 장소이지요. 집에서 뛰어놀지 못하는 아이들이 마음껏 움직일 수 있고 아이들도 태권도장에 가는 것을 좋아하기에 매달 나가는 두 아이의 태권도장비가 부담은 되지만 아깝지는 않습니다. 하지만 한편으로는 공부 걱정도 됩니다. 아이들이 공부를 잘하기 원해서가 아닙니다. 공부를 못하는 건 상관없지만 아이들이 공부 잘하는 친구들과 자신을 비교하며 '난 공부를 못하는 아이야'라고 단정 짓거나 '난 어차피 공부를 해도 쟤보다 잘할 수 없어' 하고 지레 포기하게 될까봐요. 주변 엄마들도 태권도장만 다닌다는 말에 다들 말끝을 흐리더군요.
　"그래도 영어는 미리 좀 준비를 해놨어야지, 쯧쯧⋯."
　"수포자 되는 건 순간이래. 지금부터라도⋯."

요즘은 영어에 특히 많이 흔들립니다. 영어 교육에 도통 관심이 없는 저는 엄마들 사이에서 필수라고 여겨지는 '영어 노출'도 많이 하지 않았습니다. 일단 엄마인 제가 먼저 불편했고 귀찮았습니다. 발음도 좋지 않을뿐더러 아이를 위한 영어 노출인데도, 이상하게 제가 먼저 스트레스를 받더라고요.

하지만 아이들이 커갈수록 모두들 한다는 엄마표 교육을 하지 않는 저의 불안감이 커져만 갔습니다. 엄마들을 만나면 "요즘 어디 학원이 좋아요? 어디 보내세요?"라는 질문이 먼저 튀어나왔고 또래 아이들이 받는 사교육에 내 아이를 맞춰보기도 했습니다. 어떻게 보면 경제적 능력이 되지 않아 더 불안한 건지도 모르겠습니다. 안 보내는 게 아니라 못 보내는 게 맞다고 해야 할까요? 그런 면에서 다른 집들의 경제상황도 참 궁금합니다. 맞벌이든 외벌이든 아이에게 사교육 두 개만 시켜도 고정 지출이 꽤 클 텐데(아이가 둘 이상이라면 더욱) 어떻게 감당하는지 도통 모르겠습니다. '힘들다, 힘들다' 하면서도 많은 사교육을 시키는 엄마들을 보면 더욱 혼란스럽지요. 유산상속을 받았나, 어느 쪽 집안에서 일정 부분 보태주는 걸까, 알고 보면 금수저인 건가, 아니면 정말 빚까지 내서 학원에 보내는 것일까?

어떤 엄마들은 이미 사교육에 노출된 학생들이 워낙 많다 보니 학교에서도 그 수준에 맞춰 수업을 진행하기 때문에 학원에 보낼 수밖에 없다고 합니다. 또 어떤 엄마들은 지금 당장이 아니라 중학교를 대비해 사교육을 시킨다고도 합니다. 학교 수업만으로는 갑자기 심화되는 중학교 교과과정을 따라가기 힘들기 때문이라지요. 또 다른 엄마들은 공교육에 대한 신뢰도가 떨어졌기 때문이라고도 합니다. 그래서 학교 선생님에 대한 신뢰도도 낮아지고, 학교 교과과정 자체가 개인별 수준에 맞춰 진행되지 않기에 내 아이의 지적 자극을 위해서 학원을 보낸다고요.

다 맞는 말 같아 불안합니다. 또 어떻게 보면 엄마들이 우리나라 교육 시스템에 느끼는 답답함과 불신에 슬퍼지기까지 하지요. 이런저런 고민을 남편에게 털어놓으면 남편은 제게 흔들리지 말자고만 합니다. 휘둘리지 말자고만 합니다. 아이의 꿈과 아이가 하고 싶은 것에 초점을 맞추자고 우리 부부는 의견을 모았습니다. 남편의 말에 고개를 끄덕이면서도 또 한편으론 어디까지가 기본 교육이고 어디부터가 엄마 욕심인지 헷갈립니다.

이 그림책을 보며 분홍 몬스터가 무척 부러웠습니다. 남들과 다른 자신의 모습에 주눅 들지 않고 항상 웃는 분홍 몬스터. 남들과 다름에 속상함을 느끼면서도 늘 다른 세상을 꿈꾸는 분홍 몬스터. 저도 우리 아이도 분홍 몬스터가 될 수도 있겠지요? 아이들이 하고 싶은 것, 관심 있는 것을 찾게 해주는 지혜로운 몬스터가 되고 싶습니다. 내 아이들이 실패나 좌절에도 다시 일어설 수 있는 씩씩한 몬스터가 되게 하고 싶습니다.

이러면서도 불안과 염려…
이게 과연 맞나 싶은 건 뭘까요.

분홍 몬스터

올가 데 디오스 글그림 | 김정하 옮김
노란상상

그는 분홍 몬스터.

태어나기 전부터 이미 다른 친구들과 달랐어.

분홍 몬스터는 늘 다른 세상을 꿈꾸었어.

— 책 속에서

연극수업을 하면서 아이들이 다른 친구의 발표를 보며 "틀렸어!"라고 지적을 하면 저는 이 이야기를 해줍니다. "다른 것은 틀린 것과 다른 거야"라고요. 누군가의 생김새를 보고 "넌 틀리게 생겼어!"라고 할 수 없듯이 누군가의 상상, 그리고 그것을 표현한 것을 보고 "네 상상은 틀렸어! 네 표현은 틀렸어!"라고 할 수 없는 거라고요. 그림책 속 분홍 몬스터는 자기와 다르게 생긴 이들에게 맞춰진 삶 속에서 빠져 나옵니다. 그리고 각자의 개성을 인정해주는 곳을 꿈꾸며 여행을 떠나지요. 아이들 중에도 그런 친구가 있습니다. 자신의 개성을 알아차리지 못하고 '내가 특이한가 봐. 내가 틀린 건가 봐'라고 생각하며 친구들과 어울리지 못하며 혼자 고민하는 친구 말입니다.

곧 새로운 친구들을 만났어.
이 친구들은 아주 달랐지.
공처럼 생긴 친구가 있었어.
이 친구는 걷는 대신에
쉬지 않고 굴렀어.

눈이 세 개인 개구리도 있었어.
폴짝폴짝 뛸 때마다
온 사방을 바라볼 수 있었어.
생김새도 색깔도 다른 친구들은
하루 종일 웃으면서 어울렸어.

— **책 속에서**

함께한다는 것

 길에서 아는 사람을 만나면 잠시 걸음을 멈추고 이야기를 나누게 되는 경우가 종종 있지요. 안부를 묻기도 하고, 소소한 일상을 주고받는 십 분 남짓의 시간은 일종의 인맥 관리 혹은 정보 나눔의 시간이기도 합니다. 우연한 짧은 만남이 끝나면 아이가 묻습니다.
 "엄마, 방금 누구야? 엄마 친구야?"
 대부분 오며가며 동네에서 우연히 알게 되었거나 아이 때문에 혹은 지인을 통해 알게 된 사람이거나, 어떻게 안면을 텄는지 기억조차 안 날 때도 있지요. 누구냐고 묻는 아이에게 친구라고 말하기엔 그렇게 친하지 않은 것 같고, 친구가 아니라고 말하기엔 그 어떤 관계로도 설명되지 않는 그런 사이일 땐 대답을 고민하다가 이렇게 말했습니다.

"응, 친구야. 앞으로 더 친해질 친구."

내심 '꽤 괜찮은 대답인데?' 하고 혼자 뿌듯함을 느낄 찰나, 아이가 무심하게 말합니다.

"친구는 다 친하게 지내야 되는 거야. 더 노력해봐, 엄마."

앗, 뭔가 살짝 뒤통수를 맞은 느낌입니다.

아이가 커갈수록 알게 모르게 엄마의 인맥은 복잡하고 광범위하게 늘어납니다. 아이를 임신했을 때 다닌 태교 교실에서 시작된 인연도 있고, 산후 조리원에서 만난 동기들도 있지요. 또 아이가 다녔던 문화센터, 유치원, 학부모 모임으로 친해진 사람들도 있습니다. 아이가 하나 이상일 경우엔 첫째 엄마들 모임, 둘째 엄마들 모임 등등. 이렇게 인맥이 엉키고 번져 누가 누군지, 가끔은 헷갈리기도 하지요. 그중에는 나와 마음이 착착 맞아 만나기만 해도 에너지가 되는 사람이 있는가 하면 잠깐 만나도 불편하고 부담스러운 사람도 있습니다.

엄마라는 역할을 사이에 두고 만나서인지 있는 그대로의 나를 온전히 내보이며 마음을 트고 지낼 수 있는 인연을 만나기란 쉽지 않습니다. 하지만 어릴 때부터 오랜 시간 알고 가까이 지낸 친구들과는 자주 만날 수 없는 엄마들의 삶 특성상, 나보다는 아이들을 통해 새로운 우정을 쌓고, 함께 아이를 키우면서 긍정적인 에너지를 공유

하는 것이지요. 아이를 키우는 데 절대적으로 필요한 에너지를 나누는 사람, 엄마로서 힘들 때 힘을 북돋아주고, 슬플 때 함께 공감하며 아픔을 기꺼이 나누어 주는 멘토. 혹시 엄마가 되고 나서 그런 친구를 만나게 되었다면, 정말 행운이고 축복입니다. 내 아이에게도, 나에게도 참 좋은 일이지요. 아이가 클수록, 나이가 들수록 사람 사귈 때 자꾸만 계산하게 되고 제대로 마주하기도 전에 선입견을 가지게 되니까요.

혹시 자주 마주치게 되는 인연들 중 누군가 때문에 힘들고 고민된다면 그 불편한 감정과 멀어져 객관적으로 바라보세요. 그 엄마의 어떤 행동과 말이 나를 예민하게 하는지 말입니다. 그저 '나랑 안 맞아!' 하고 치부하기엔 우리는 너무 커버렸고, '안 만나면 그만이지!' 하며 무시하기엔 세상은 무척 좁습니다. 누군가를 대하는 송곳처럼 날카로운 나의 감정과 마주했다면 맞지 않는 부분을 관찰하고 그대로 인정하면 됩니다. '나랑 이런 부분이 맞지 않는구나. 그렇구나. 그래서 그랬구나' 하고요. 그리고 다시 그 사람과 만나게 될 때는 '나랑 다르구나!' 하고 흘려듣거나 기본 선까지만 허용하며 관계가 자연스럽게 흐르도록 놔두면 됩니다.

가장 중요한 것은 나와 우리 아이입니다. 누군가가 주는 부정적인 에너지 혹은 나와 맞지 않는 부분 때문에 내가 스트레스를 받게 되면 그것은 곧바로 아이에게 전달됩니다. 이기적이라고 생각될 수 있겠지만 엄마들도 '착한 사람 콤플렉스'에서 벗어나야 합니다. 아이만 키우는 것도 힘들잖아요.

앞으로 우리 아이도 마음이 잘 맞는 친구, 부딪히기만 하면 엇나가는 친구 등 다양한 친구들을 사귀게 되겠지요. 나와 마음이 잘 맞아도 친구, 마음이 안 맞아도 친구라는 걸 알려주고 싶습니다. 어떻게든 나를 크게 하는 친구라고요. 엄마도 여전히 다양한 친구들을 만나며 자라고 있듯이 너 역시도 그럴 거라고요.

친구를 만난 날

윤여림 글 | 서미경 그림 | 봄의정원

"엄마, 친구가 내 반짝이를 찾아줬어"
'뭐, 친구? 내가 친구라고?'
민준이는 왠지 으쓱해졌어요.
"민준아!"

엄마가 불러요. 민준이는 세영이를 가리키며 큰 소리로 말했어요.
"엄마, 내 친구야!"

— 책 속에서

어린 시절을 돌이켜보면, 친구와 함께 참 다양한 경험을 했습니다. 친구에게 새로운 놀이를 배우고, 친구 때문에 하기 싫은 일도 해냈고, 친구로 인해 알지 못했던 사실도 알게 되었습니다. 우리 아이들도 마찬가지겠지요. 친구의 중요성은 변함없지만 사귐의 폭이 좁아진 요즘, 아이의 친구에 대한 엄마들의 관심은 예전과는 또 다른 것 같습니다. 친구를 통해 내 아이를 알게 되는 것에서 나아가, 아이의 친구를 엄마가 나서서 관리하고 통제하려는 경우도 종종 있는 듯합니다. 새로운 친구를 사귀기 힘들어하는 아이를 대신해 친구를 만들어주기도 하지요. 하지만 부모의 노력보다 더 효과적인 건 친구에 대한 아이의 관심입니다. 뜻밖의 장소에서도 자연스럽게 친구를 사귀게 되는 이 책을 통해 친구를 만드는 건 즐거운 일임을 알려주세요. 그리고 친구에게 어떤 마음으로 대하면 좋을지에 대해 함께 이야기해보세요.

민준이가 말합어요.
"나 혼자 놀 거야."
"친구 필요 없어!"

"민준아!"
엄마가 불러요.
민준이는 새잎이를 가리키며 큰 소리로 말했어요.
"엄마, 내 친구야!"

그런

너와 내가 되기를

내 생애 최고의 작품

 상처와 실패, 좌절을 한 번도 경험해보지 않은 사람은 없겠지요. 저 역시 돌이켜보면 아프고 아리기만 했던 순간순간이 기억 속에 훅훅 지나갑니다. 대학 시절, 어떻게든 용돈이라도 벌어보려고 시작한 아르바이트에서 일이 손에 익기도 전에 잘려 돈도 다 받지 못한 채 쫓겨나 길에서 펑펑 울었던 일. 배우로 활동하던 시절, 오디션에서 기본기가 없다며 제대로 된 테스트도 받지 못한 채 떨어져 마로니에 공원을 하염없이 걸었던 일. 직장인이었던 시절, 아이디어를 내기보다는 고분고분 말이나 따르라며 교묘히 인격모독을 일삼고, 같은 업무를 몇 번이고 퇴짜를 놓아 애를 먹이던 상사의 갑질. 프리랜서 작가로 활동할 때 정당한 계약임에도 원고료를 차일피일 받지 못하다 결국 민사소송까지 거쳐 몇 년 만에 겨우 받아냈던 일…. 지금 생각해도 울컥하고 당시의 감정이 떠올라 가슴이 뜨거워집니다.

  하지만 이제는 압니다. 그런 시련을 거쳐 왔기에 지금의 내가 있다는 것을요. 힘든 시간을 잘 버티고 오뚝이처럼 다시 일어났기에 지금 이렇게 담담하게 이야기할 수 있다는 것을요. '참 잘 견뎠구나.' 스스로 대견합니다.

  엄마가 되고 나서도 상처와 실패, 좌절은 계속되더군요. 예전처럼 아니, 예전보다 더 아픈 순간이 불쑥불쑥 나타났습니다. 하루는 첫째, 둘째 아이의 손을 잡고 만삭인 배로 길을 걸어가는데 생판 모르는 사람이 뱃속 아이도 아들이냐며 "아이고, 엄마가 목매달아야겠네. 쯧쯧쯧…"이라고 하시더군요. (지금도 종종 건널목이나 길거리를 지나다가 또는 식당이나 대중교통을 이용하다가 이런 '테러'를 당하기도 합니다.) 열심히 일을 해도 '역시, 애 엄마는 어쩔 수 없어'라는 평가를 받을 때, 엄마이자 아내로서 최선을 다해 전쟁 같은 하루를 보냈는데 남편이 무심코 '하루 종일 집에서 뭐했냐'는 식의 말을 던졌을 때, 아린 상처는 계속됩니다.

  하지만 시간이 지나고 나면 괜찮아졌습니다. 왜냐하면 제 곁엔 생애 최고인 작품인 세 아들이 있으니까요. 이 아이들이 있어 '그럼에도 불구하고' 하루하루를 억지로라도 열심히 살게 됩니다. 지금까지 노력한 것을 인정받지 못한다 한들 억울해하지 않으려고 합니다. 나는 최선을 다할 겁니다. 최선을 다하지 않은 사람에게는 아쉬움이 남지만 최선을 다한 사람에게는 미련과 후회가 남지 않습니다. 누가 뭐라고 한들 나는 내 인생에 최선을 다할 것입니다. 그러면 먼 훗날, 세 아들에게도 '엄마는 너희를 최선을 다해 키웠다'라고 한 점 부끄럼 없이 떳떳하게 말할 수 있겠지요.

소피의 달빛담요

에일린 스피넬리 글 | 제인 다이어 그림
김홍숙 옮김 | 파란자전거

주인공 소피는 일평생 좌절과 무시를 받으며 산 집거미입니다. 타인을 위해 열심히 뭔가를 만들어내는 소피를 보며 젊은 날의 제 모습을 떠올렸습니다. 그리고 자신의 모든 것을 내어주는 소피를 보며 엄마로서의 제 모습을 떠올렸습니다. 소피는 마지막으로 달빛과 별빛, 그리고 자신의 가슴을 내어 생애 최고의 작품을 만들어냅니다. 엄마인 나에게 생애 최고의 작품은 무엇일까요? 아들 셋이 생애 최고의 작품일까요? 아이들을 위해 혹은 나 자신만을 위해 또 다른 생애 최고의 작품을 세상에 남길 수 있을까요?

엄마로서의 삶이 너무 힘들다고 생각될 때 한번 소피의 이야기를 펼쳐보세요. 그리고 나만의 달빛 담요를 내 아이에게 덮어주세요.

나랑 친구 할래?

어제는 밥하기가 귀찮아 돈가스 가게에서 아들 셋과 외식을 했습니다. 또 별로 버릴 것도 없으면서 음식물 쓰레기를 세 번이나 버리러 나갔다 왔습니다. 이상하게 집이 싫은 날이었습니다. 자꾸만 말썽부리는 아들 셋과 마주하기가 꺼려졌고 딱 그만큼, 화를 냈고 소리를 질렀습니다. 호르몬 이상인지, 그저 심적 변화인지 몰라도 어제 저녁에는 그랬습니다.

이런 복잡하고 터질 것 같은 엄마의 마음도 모르고 막내가 화장실에 가지 않겠다고 고집을 부리다 바지에 쉬를 하고 말았습니다. 둘째는 정신없이 뛰어다니다가 제 발에 걸려 넘어졌습니다. 두 아이 때문에 정신이 없는 찰나, 하필이면 첫째가 오랜만에 받아쓰기를 100점 맞았다며 받아쓰기 공책을 들고 와 코앞에 내밀었습니다.

"엄마, 나 잘했지?"

"어, 잘했어. 비켜봐 봐."

한 손에 휴지를 들고, 한 손으로는 막내를 끌어안은 채 짜증 섞인 말투로 말했습니다.

"이거 띄어쓰기 엄마가 기억하랬잖아. 내가 이거 틀릴 뻔 했는데 엄마 말이 생각나더라. 그래서 얼른 지우개로 고쳐서 써가지고 맞았어. 진짜 잘했지?"

"어, 잘했다고. 잘했다고 했잖아. 지금 엄마 정신없는 거 안 보여?"

한 손엔 막내를 안고, 한 손으로는 둘째의 다친 발을 만져주며 다시금 첫째에게 짜증을 내고 말았습니다. 말하면서도 '첫째한테 이러면 안 되는데…' 하는 마음이 들었지만 가시 돋친 말이 먼저 나갔습니다. 흠칫하며 돌아서는 첫째를 보면서 짠한 마음이 들었지만 제 감정에 더 무게를 둔 채 모른 척 하고 말았습니다. 아이는 슬퍼보였고 저 역시 마음이 참 복잡했습니다.

아이들이 모두 잠들고 고른 숨소리만 들리기 시작했습니다. 자는 아이들 얼굴을 찬찬히 바라보니 아무런 이유 없이 속수무책으로 엄마의 감정을 온몸으로 받아들여야만 했던 아이들에게 미안한 마음이 들었습니다. 속상하고 죄책감이 느껴지고 후회가 밀려들었습니다. 우울함에 취해 혼자 와인을 한 잔, 두 잔 마시다 보니 어느새 지친 몸으로 늦은 퇴근을 한 남편과 마주하고 있었습니다. 남편은 평소와 다른 저의 눈치를 살피다 나지막이 무슨 일이 있느냐고 물었습니다. 저는 그런 남편의 말조차 귀찮고 짜증이 나 아무 말 없이 그저 와인만 맥주처럼 벌컥벌컥 들이켰습니다. 속에 있는 속상한 일들을 다 토해내고 싶다가도, 말함과 동시에 감정이 터질 것 같아 참아보자 하는 마음이 들기도 하고, 저도 모르게 마음이 계속 왔다 갔다 했습니다. 그러다 보니 어느새 남편에게 신세를 한탄하고 있었습니다. 주거니 받거니 이야기를 나누었지요. 아이들과 있었던 일들을 모두 들은 남편은 와인 잔에 와인을 가득 따라주며 말했습니다.

"그럴 수도 있지, 뭐. 한 번 크게 터졌다고 생각해. 당신도 그동안 많이 참았지, 뭐."

왈칵, 눈물이 쏟아졌습니다. 맞습니다. 그동안 그게 무언지는 몰라도 엄청나게 참고 있었나 봅니다. 겉으로는 쿨한 척 했지만 내심 계속 참고 외면하고 자제했었나 봅니다. 어떤 감정을 혹은 어떤 일탈을 참아왔던 걸까요? 제가 미처 깨닫지 못했던 제 마음을 건드리는 남편의 한마디에 하루 동안 얽히고설켜 뭉쳐있던 감정들이 사르르 풀리는 듯했습니다. 낯선 외국 땅에서 친절한 한국인을 만난 기분이 이런 걸까요? 어두운 동굴에서 한줄기 빛을 만난 기분이 이런 걸까요? 그러면서 동시에 의아했습니다. 제가 남편에게 기대할 수 있는 말이 아니었기 때문입니다. 남편이 제 감정에 공감하고 이해해주다니, 웬일일까요!

사내 커플이었던 우리, 남편은 연애할 때도 항상 그랬습니다. 어떤 문제가 생기면 울컥부터 하는 저와 달리 이성적인 판단으로 해결책을 제시해주었습니다. 처음엔 그런 점이 참 믿음직스럽게 느껴졌지만 내 감정에 먼저 공감하기보다 이성적으로 상황에 대처하는 모습에 가끔은 정 떨어질 때도 있었지요.

한 인터넷 방송국에서 작가로 일할 때였습니다. 몇 달 동안 일했던 임금 오백만 원 정도를 떼인 적이 있었습니다. 민사 소송을 걸었음에도 불구하고 아무런 반응이 없던 탓에 혼자 몇 개월 동안 전전긍긍하다 방송국 사장님을 찾아갔었지요. 하지만 사장님은 만나주지 않았고, 사장님의 어머니와 겨우 연락이 닿았습니다. 제 사정을 이야기하자 곧 그분은 얼굴도 모르는 저에게 막말을 쏟아냈습니다. "우리 집안이 어느 집안인데 이런 일로 전화를 하느냐"부터 시작해 "당신이 나이가 어려서 세상물정을 모른다", "이 바닥에서 이깟 돈 몇 푼으로 이렇게 귀찮게 하면 네가 잘 될 줄 아느냐", "가정교육을 어떻게 받았기에 이런 전화를 하느냐" 하며 제 마음에 깊은 상처를 주었지요.

차마 부모님께는 이 일을 말씀드리지 못하고 울며불며 남자친구였던 남편에게 달려가 이야기를 털어놨습니다. 하지만 역시나 남편은 저를 위로하기보다 먼저 해결책을 제시해주었습니다. 참 야속했습니다. 그저 상처받은 마음을 위로받고 싶었던 것인데 울고 있는 저에게 방법이라니요. 며칠 후, 남편은 제가 사장님의 어머니와 만날 수 있는 자리를 마련해 함께 나가주었습니다. 그리고 저에게는 한마디도 하지 못하게 한 채 마치 변호사처럼 그 어머니와 짧게 이야기를 나누더군요. 결국 임금 지급을 약속받아냈고 그로부터 며칠 후 제 통장으로 작가료가 입금되었습니다.

이번에도 그때처럼 남편이 울컥하며 감정을 조절하지 못하는 저에게 해결책을 제시해줄 줄 알았습니다. 납득이 될 만한 이성적인 방법을 알려줄 것 같았지요. 하지만 이번엔 달랐습니다. 신기하게도 말입니다.

남편이 제 감정에 공감해주고 이해해주니 내 마음을 나보다 더 알아주는 친구를 만난 기분이 들었습니다. 맞습니다. 친구를 만난 기분, 딱 그 말이 맞을 것 같습니다. 그러면서 또 깨달았습니다.

'요즘 함께 뭔가를 공유하고 나눌 친구가 간절히 필요했구나.'

아침이 되었습니다. 몸도 가볍고 기분도 좋으니 즐거운 마음으로 아침상을 차려 남편과 아이들을 든든하게 먹여 제 위치로 보냈습니다. 모닝커피를 마시며 어제 우울하고 우울했던 나에게 공감해준 남편을 떠올렸습니다. 왠지 한 뼘 더 친해진 듯한 기분이 듭니다. 서로의 마음을 열고 이제 막 친구가 되는 듯한 설레는 기분입니다. 앞으로 더 친하게 지내고 싶고 싸우지 않고 오래오래 사이좋게 지내고 싶습니다. 그런 의미로 출근길, 아직 꽉 막힌 도로 위에 있을 남편에게 문자 한 통을 보내봅니다.

"여보, 나랑 친구 할래?"

나랑 친구할래?

아순 발솔라 글그림 | 김미화 옮김 | 풀빛

나이가 들수록 친구 사귀기가 참 쉽지 않습니다. 아이 때문에 만나게 된 친구와는 아이 이야기만 하게 되고, 아이를 낳기 전에 만난 친구는 각자의 아이 때문에 만나기가 어렵고, 어찌어찌 사귀게 된 친구와는 속 깊은 이야기가 조금은 두렵고. 가장 가까우면서도 먼 친구인 남편과는 이야기를 나누는 것도 쉽지 않습니다. 이야기를 나누다 보면 어느 순간 훈계 받는 것 같고, 잔소리 듣는 것 같고 감정 이해보다는 이성적 판단과 가르침을 받는 듯한 느낌이랄까요.

하지만 이렇게 생각해보는 건 어떨까요. 세상엔 정말 다양한 사람들이 있듯이 친구 또한 그럴 수밖에 없음을 인정하는 겁니다. 아이 때문에 만나게 된 친구도 아이 이야기로 침 튀기며 나누는 그 순간만큼은 친구고, 아이 때문에 만나지 못하는 친구도 언젠가는 만나 허심탄회하게 이야기 나눌 친구고, 속 깊은 이야기까지는 어려운 친구도 가벼운 근황을 나누기 딱 좋은, 서로 선을 지킬 수 있는 친구라고 생각하는 거예요. 남편도 세상에서 가장 친한 이성친구라고 생각하면 더 든든하겠지요?

엄마가 되어갈수록

결혼하고 처음 맞이하는 명절을 시댁에서 보내기 위해 짐을 꾸리던 날, 친정엄마는 저에게 이런저런 이야기를 하시며 몇 번이고 당부하고 강조하셨습니다.

"시댁 어른께 인사 잘해라."
"아침엔 어른들보다 먼저 일어나 있어라."
"가만히 있지 말고 눈치껏 옆에서 잘 도와드려라."

그때는 잘 몰랐습니다. 인사야 기본적으로 하는 거고, 아침에 일찍 일어나는 건 당연히 잠자리가 바뀌니 아침에 저절로 눈이 떠질 것이고, 가만히 있고 싶어도 부담스러워 가만히 있지 못할 거라고 생각했지요. 막상 시댁에 가보니 엄마가 해주신 말씀이 하나하나 마음에 닿았습니다. 아직은 어색하고 불편하기만 한 시댁에서는 한 번 인사드리는 것조차 참 쉽지 않았습니다. 그리고 이런저런 생각에 늦게까지 잠을 못 이루다 동이 틀 무렵 잠이 들어 매번 허둥지둥 일어나기 일쑤였고, 도와드리고 싶은 마음은 굴뚝같았지만 뭘 어떻게 도와드려야 할지 몰라 늘 실수투성이였지요. 명절 당일 날, 곱게 한복을 입고 이곳저곳 인사를 다니느라 몸이 녹초가 되었을 무렵, 엄마의 말씀이 또 한 번 생각났습니다. 그리고 궁금해졌습니다.

'지금 우리 엄마는 뭘 하고 있을까? 나 없이 맞이하는 첫 명절이 허전하진 않으실까?'

그날 밤, 어두운 낯선 천장을 바라보다 나도 모르게 눈물이 주르륵 흘렀습니다. 투정부리고 짜증부리고 늘 받는 게 당연한 줄만 알았던 막내딸은 엄마에게 너무 미안했습니다. 그리고 깨달았습니다. 엄마가 말한 어른께 인사 잘하라는 말은 그냥 인사가 아닌 어른을 향한 존중이었음을. 아침에 일찍 일어나라는 건 그만큼 긴장하고 예의를 갖추라는 것임을. 눈치껏 잘 도와드리라는 건 큰 도움이 되지 않더라도 옆에서 배우려고 노력하는 모습을 보여주라는 것이었음을. 시인 손세실리아의 〈곰국 끓이던 날〉이라는 시에는 이런 구절이 있습니다.

뼛속까지 갉아먹고도 모자라

한 방울 수액까지 짜내 목축이며 살아왔구나

희멀건 국물,

엄마의 뿌연 눈물이었구나.

이 시를 읽으며 친정엄마가 생각나는 건 저뿐만이 아닐 것입니다. 얼굴에 주름이 늘어가고 쇠약해지는 엄마. 내 아이 키운다고 정작 나를 키워주신 엄마에게 소홀해졌던 나. 시댁에서 맞이하는 첫 번째 명절날, 막내딸 걱정하며 하루를 보냈을 엄마를 생각하며 이불을 덮고 흐느껴 울었습니다. 그런 엄마에게 틈내어 전화해 '괜찮아, 잘하고 있어'라고 말해주지 못한 스스로가 원망스럽고 속상해 밤새 울었습니다. 이제 엄마의 딸이 아닌 누군가의 아내, 며느리의 삶을 시작하는 딸의 모습을 보며 엄마는 어떤 생각을 하실까요? 딸만 둘을 둔 우리 엄마는 정작 가족들로 북적거려야 할 명절이 되면 보고 싶은 자식들이 다른 집으로 향하니 얼마나 외로우실까요? 시간이 흐른 지금, 엄마를 생각하며 밤새 울었던 제가 이제는 명절이 되면 세 아들에게 주의를 줍니다.

"할머니, 할아버지께 고개 숙여 공손히 인사 잘해야 해."

"엄마가 아침에 일찍 깨워도 짜증내면 안 돼."

"할머니, 할아버지를 힘들게 하면 안 돼."

이제야 갓 결혼해 시댁으로 향하던 저를 염려하셨던 친정엄마의 마음이 조금 이해가 됩니다. 아이를 셋이나 낳은 후에야 딸을 위하고 사랑해준 엄마의 사랑을 깨닫게 되다니, 저는 참 어리석은 딸입니다.

오늘도 엄마는 막내딸인 저에게 전화를 걸어 안부를 묻습니다.

"아이들 밥은 먹였냐? 너는 먹었냐? 잘 챙겨 먹어라, 애들만 위하지 말고 너도 잘 챙겨 먹어라, 제발 밥 좀 잘 챙겨 먹고 다녀라."

정작 딸은 자신의 아이들 키우는 데 열중하느라 낳아주신 엄마의 고마움도 잊었는데, 우리 엄마는 아이들 키우는 데 열중하느라 밥을 챙겨먹지 못할 딸의 건강과 안부만을 걱정하고 계십니다. 마음이 지칠 때 언제든 달려가 쉴 수 있는 우리 엄마, 정말 힘들 때 힘들다고 말하지 않아도 묵묵히 나의 힘듦을 나눠가지려 애쓰는 우리 엄마. 엄마가 되어갈수록 우리 엄마가 참 좋습니다. 명절날, 함께 할 수 없지만 가장 많이 생각나는 우리 엄마. 엄마가 있어서 정말 좋습니다. 참 다행입니다.

엄마가 정말 좋아요

미야니시 타츠야 글그림 | 이기웅 옮김
길벗어린이

엄마도 있잖아, 네가 정말 좋아.
그런데……
자꾸 혼내기만 해서 미안해.
이런 엄마라도
좋아한다고 말해 줘서 고마워.
태어나 줘서 고마워.
엄마는 있잖아, 네가
정말, 정말, 정말 좋아.

— 책 속에서

아이들을 키우다 보면 마음과 다르게 자꾸만 재촉하고, 혼내고, 짜증을 내게 될 때가 있습니다. 그런 날엔 꼭 잠든 아이의 모습을 보며 후회하고 미안해하다 나를 탓하며 오늘과 다를 내일을 기약하지요. 이 그림책은 엄마를 향한 아이의 사랑과 아이를 향한 엄마의 사랑을 함께 담고 있습니다. 어느 명절날, 아이가 먼 시골집에까지 챙겨온 이 그림책을 보며 친정엄마가 떠오른 건 왜일까요. 그림책에서 엄마 품에 안겨있는 아이가 마치 제 모습 같았고, 존재만으로도 고맙다며 아이를 꼭 안아주는 아이 엄마가 마치 우리 엄마 같았기 때문입니다. 엄마 품에 안겨 "제 옆에 있어주셔서 감사합니다"라고 말하고 싶어진 이 그림책은 매번 마음과 다르게 아이를 대하게 되는 엄마에게, 엄마에게 사랑 표현하기가 쑥스러워하는 아이에게 추천합니다. 아이와 함께 읽으며 사랑을 표현해보세요.

'하부'와 '할미'

"하부, 피자 사줘."

"하부, 난 양념 치킨!"

"난 쪼코렛뚜, 하부!"

'하부'는 할아버지의 줄임말입니다. 첫째가 혀 짧은 소리를 내던 어릴 적 할아버지를 하부라고 부른 것이 동생들에게도 자연스럽게 이어져 할아버지를 하부라고 부르게 되었습니다. 덩달아 조카들도 하부라고 하지요.

아이들이 가깝게 사는 외할아버지를 찾는 이유는 사실 매우 직접적입니다. 간식 서랍이 텅텅 비었거나 엄마가 간식을 안 사줄 때, 갑자기 피자나 치킨 혹은 양념 갈비가 생각날 때, TV 광고에서 본 장난감을 엄마가 안 사줄 것 같을 때 등등 뭔가 필요하거나 아쉬울 때 하부를 찾거든요.

  하부는 거의 모든 것을 "오케이!" 하며 받아줍니다. 물론 단 하나의 조건, 엄마의 허락이 있지만요. 일요일도 없이 매일같이 출근하는 하부는 가끔 아이들 목소리를 듣고 싶을 때 전화를 합니다. 전화하자마자 대뜸 "애들 바꿔라" 하시지요.

  어린 시절, 아빠는 무서움과 친근함을 동시에 가진 분이셨습니다. 좋을 땐 한없이 좋다가도 무서울 땐 한없이 무서운 아빠. 더 어릴 적엔 제가 아빠 배 위에서 거의 안 내려왔다고 해요. 몸도 약하고 비실비실하기만 한 이 막내딸을 유독 예뻐해준 것일까요. 그런 딸이 아들 셋을 낳았으니 아빠도 참 신기하시겠지요. 아이들을 너무 좋아해 새로 이사 온 이웃집 아이들에게 매일같이 과자를 사다주실 정도였으니, 피붙이인 손주들이란 삶의 재미이자 사는 낙이겠지요.

  아이들에게 부모 외의 어른들과의 관계 형성이 얼마나 중요한지 잘 알고 있습니다. 저도 어린 시절 방학 때마다 놀러갔던 시골 외할머니 댁에서 어른을 대하는 법을 배웠고, 사소한 예절을 익혔으며, 햇살처럼 쏟아지는 할머니의 눈길을 통해 존재만으로도 온전히 사랑받는 느낌을 느낄 수 있었으니까요. 무뚝뚝한 할아버지는 철없는 손녀의 조잘거림 열에 한 번 정도 대답을 해주셨지만 그 속에서도 사랑을 느낄 수 있었습니다. 단편적이지만 굵직한 기억들은 어른이 된 지금도 자신감과 자존심이 낮아질 때마다 든든한 에너지가 되어주고 있습니다.

  시골에 갈 때마다 할머니는 제 손을 잡고 다락방에 올라가셨습니다. 그리고 오래되어 보이는 꼬깃꼬깃한 종이를 펼쳐주셨지요. 그 속에는 제사 때 쓰이는 분홍색 박하사탕이 있었습니다. 종이가 녹은 사탕에 덕지덕지 붙어 있으면 할머니는 그 사탕을 쪽쪽 빨아 종이를 벗겨내시곤 제 입에 쏙, 넣어주셨지요. 그 눅눅한 사탕을 녹여먹을 때면 '난 특별한 존재야'라는 생각이 들었던 것 같습니다. 또 어느 추운 겨울날 할아버지가 소죽을 한가득 끓이셨습니다. 긴 막대로 솥을 휘휘 젓는 모습이 어찌나 신기하던지 뜨거운 아궁이 앞을 왔다 갔다 하며 지켜보았지요. 할아버지는 어린 손녀가 행여 다칠까봐, 추울까봐 적당한 위치에 안전하게 앉혀주시고 작은 불길을 내어주셨습니다. 손에 긴 막대도 쥐어주시고 불똥이 튀면 제 앞을 얼른 막아주셨지요. 그때 저는 또 막연하게 '나는 소중한 존재야'라는 생각이 들었습니다.

  20여 년 전 무더웠던 여름날, 할아버지와 할머니는 맏딸이 사는 저희 집에 오셨습니다. 정말 오랜만에 서울에 올라오신 거라 마치 잔칫집 같은 분위기였지요. 기분 좋게 저녁상을 물린 할아버지는 피곤하신지 일찍 잠자리에 드셨고 가족들은 서둘러 잠자리를 살펴드렸습니다.

  그날 새벽, 할아버지는 갑작스런 뇌출혈로 응급실에 이송되었습니다. 그때 전 할아버지 옆에 누워있었는데 등 뒤로 할아버지가 바닥을 다급하게 손으로 탁탁 치는 소리에 뒤를 돌아보았지요. 심상치 않은 할아버지 모습에 놀라 엄마와 삼촌, 이모들을 깨웠고 그 모습이 할아버지의 마지막 모습이 되었습니다. 할머니 역시 할아버지가 돌아가신 후 얼마 되지 않아 이웃집에 마실을 가셨다 쓰러지신 것을 계기로 치매가 오셨고, 곧 할아버지를 따라 하늘나라로 가셨습니다.

지금도 할아버지의 마지막 모습과 할머니의 느낌이 생생합니다. 입가의 깊게 패인 주름, 내 얼굴을 감싸주실 때 느껴졌던 거칠었던 손, 내 이름을 부르던 구수한 사투리 억양, 할아버지가 걸어가실 때 헛기침 하시던 소리, 그리고 특유의 할머니 냄새도 모두 선명하게 기억나지요.

오늘도 아이들이 하부한테 전화해달라고 보챕니다. 용건은 간단할 테지요. 하부의 말도 똑같을 테고요.

"어, 하부가 이따가 사서 갈게. 기다리고 있어!"

세 손자를 둔 할아버지의 주머니는 아이들을 향해 항상 열려있나 봅니다. 우리 아이들의 기억 속에 할아버지, 할머니의 모습이 어떨지 가만히 생각해봅니다. 엄마와는 또 다른 따뜻함, 아빠가 줄 수 없는 또 다른 든든함이겠지요. 아이들의 키가 커갈수록 작아지실 할머니, 할아버지. 아이들의 힘이 세질수록 약해질 할머니, 할아버지. 아이들이 바빠질수록 더 보고 싶어 하실 우리의 할머니, 할아버지.

부디 하부와 할미가 건강히 오래오래 손주들 곁에 함께해주시길 바라봅니다. 그래서 우리 아이들이 어른이 되었을 때, 사소하지만 따뜻한 지금의 기억들이 하루하루를 살게 하는 힘이 되었음을 깨닫고 감사함을 표현할 기회가 있기를 바랍니다. 할머니와 할아버지가 그랬듯, 우리 아이들이 자신들이 받은 사랑을 다시 보답할 수 있기를 바랍니다.

할아버지는 바람 속에 있단다

록산느 마리 갈리에즈 글 | 에릭 퓌바레 그림
박정연 옮김 | 씨드북

난 바람 속에 있단다.
이젠 내 몸이 훨씬 가벼워졌단다.
매 순간 여행을 할 수가 있지.
떠나는 것, 돌아오는 것, 참 재미있단다.
넌 나를 붙잡을 순 없을 거야.
나를 붙들어 둘 수도 없을 거야.

하지만 눈을 감아 보렴.
언제나 날 느낄 수 있을 거란다.

산들바람이 네 머리카락을 간지럽게 할 때면
할아버지를 떠올려 주렴.
너무나 재미있던 이 할아버지를,
영원히 너를 사랑할 이 할아버지를.

― **책 속에서**

세상을 떠난 할아버지가 손주에게 남기는 마지막 편지 같은 이 그림책은 뭉클하고 따스하고 치유가 됩니다. 바람을 통해, 바다를 통해, 나무를 통해 사랑하는 아이를 지켜보겠다는 할아버지의 이야기와 그 이야기를 온몸으로 읽으며 보이지 않는 할아버지를 느끼는 아이의 모습이 무척 인상적입니다. 죽음의 의미를 아직은 잘 모르는 아이, 어쩔 수 없이 가까운 이의 죽음을 경험하게 될 아이, 다시는 보지 못할 곳으로 떠난 누군가를 그리워하는 아이와 읽어보세요. 삶과 죽음이 모든 것을 갈라놓을 수 없음을 떠난 이도 남은 이도 서로를 온전히 느낄 수 있음에 대해 이야기해보세요.

그래, 이제 너는 손잡고 산책하던 무하갈지.
새벽달이 에게 싸움도 못 할 테고,
바닷물의 한 방도 그리울 것 같구나.
내 모르의 포옹도.

그런 아이들이 되기를

요즘 유난히 막내가 형들을 따라다니며 귀찮게 합니다. 형이 그림을 그리다 잠깐 한눈을 팔면 그림 그린 종이를 찢고, 책을 읽으면 책을 뺏고, 밥을 먹으면 형의 수저를 달라고 떼쓰고, 형들이 뭘 좀 하려고 하면 알지도 못하면서 훈수를 두고, 형이 누워있으면 꼭 밟고 지나갑니다. 여섯 살 둘째가 참다 참다 짜증이 났는지, 심술보, 말썽쟁이, 욕심쟁이인 얄미운 동생의 머리에 퍽! 주먹을 날렸습니다. 지켜보던 저도 '앗!' 하고 놀랄 만큼 아주 세게.

"으아아앙~!"

서럽게 우는 동생을 보며 씩씩거리던 둘째는 엄마 눈치를 살피며 억울한 표정을 지으며 말했습니다.

"애가 자꾸만 막 뺏고, 귀찮게 하잖아. 엉엉!"

말하다 보니 분이 덜 풀렸는지, 아니면 엄마에게 혼날까봐 무서웠는지, 그것도 아니면 생각보다 센 주먹을 날려 자신도 내심 놀랐었는지 동생보다 더 서럽게 울기 시작했습니다. 마음속으로 전 생각했죠. '아, 전쟁터로구나, 전쟁터!'

곁에서 계속 상황을 지켜봤던 저는 우선 마음 깊이 억울함과 짜증이 가득할 둘째를 품에 안고 달래주었습니다. 토닥토닥, 쓰담쓰담. 그리고 지나가는 말로 이야기 했습니다.

"우리, 그냥 막내 동생 누구 줘버릴까? 가만히 있는 형을 너무 괴롭히잖아."

눈이 동그래진 여섯 살 둘째. 평소와 다른 진지한 엄마 목소리에 갑자기 다시 눈물이 두 눈에 가득 고였습니다.

"안 돼, 내 동생 누구 주면 안 돼. 아직 어려서 그래. 엄만 왜 그래…, 내가 참아볼게."

그러더니 울먹이는 동생을 두 팔로 얼싸안고 둘이서 눈물바다를 이루는 게 아니겠어요. 영문 모르던 막내는 형이 우니 더 서글피 울고, 갑자기 첫째도 얼싸안은 두 동생을 보고 따라 울고. 그 모습을 보며 엄마는 어이가 없고.

아들 셋을 달래는 데엔 비타민이 특효약! 잠시 후 숨겨뒀던 캐릭터 비타민을 손에 들려주니 또 셋이서 서로에게 뜯어주고, 먹여주고, 사이좋게 하하호호.

아이 둘 이상을 둔 엄마가 신경 쓰는 것 중 하나는 형제남매간 우애일 것입니다. 다른 집 아이들을 보면 그래도 서로를 챙기고 양보하고 크게 안 싸우는 것 같은데 왜 우리 집 아이들은 사소한 것 하나에도 지나치게 예민하고, 서로에게 단 한 번도 지지 않으려 하고, 양보하기는커녕 어떻게든 이겨보려고 애를 쓰는 걸까요. 세상에 부모가 없을 때 유일하게 서로 의지하며 믿고 지내야 할 피붙이임을 왜 알지 못할까요. 아직 어려서, 라고 하기에는 너무나 치열하게 경쟁적이고 서로의 존재에 예민한 우리 아이들. 모든 육아서의 공통된 결론에 또 이르고 맙니다. 모두 엄마 탓.

아이들에게 엄마의 사랑을 충분히, 공평하게, 흡족하게 느끼게 해주지 못한 엄마 탓, 동생이 태어나기 전 동생 맞이 준비를 지혜롭게 하지 못한 엄마 탓, 사랑하는 사람이 갑자기 불쑥 데려온 애인과도 같은 느낌에 배신감과 함께 당황스러움을 느꼈을 아이의 마음을 충분히 읽어주지 못한 엄마 탓. 모두 서툴고 예민하지 못했던 엄마 탓만 같습니다.

첫째는 자신의 것을 자꾸 탐하는 두 동생 때문에, 둘째는 형과 동생 사이에서의 외줄타기 때문에, 막내는 모든 걸 먼저 선점하고 차지하는 두 형 때문에 격렬하고 전투적이고 긴장감을 놓칠 수 없는 하루하루를 보냅니다. 물론 사이사이 뜨거운 형제애와 끈끈한 동지애를 넘어선 셋만의 무언가를 보여줄 때도 있긴 하지만요. 아주 간간히 매우 짧고 강렬하게요.

아이들이 커갈수록 조바심이 나기도 하고, 걱정이 되기도 합니다. 아들들이 하나둘 사춘기를 겪으며 서로에게 무관심해지거나 미워하게 될까봐서요. 사춘기 때는 자신의 감정과 입장이 우선되는 뜨겁고도 외로운 시기이기에 형제가 많은 집에서는 소통의 중요성을 생각하지 않을 수 없습니다. 아이들과 어떻게 헤쳐나가면 좋을까요? 아이들이 외롭고 지치고 답답한 순간과 맞닥뜨렸을 때, 부모보다 형이나 동생에게 마음을 터놓을 수 있었으면 좋겠습니다. 서로 그런 사이가 되면 참 좋겠습니다. 부모님과 상의하기 전 먼저 형제끼리 의견을 나누는 것에 어색함이나 어려움이 없었으면 좋겠습니다. 그런 삼형제가 되었으면 참 좋겠습니다. 서로 뜯고 싸우다가도 결국엔 서로가 서로를 필요로 하며 말 한마디로 마음의 빗장이 스르륵 풀리는 그런 아이들이 되기를 바랍니다.

내 동생 싸게 팔아요

임정자 글 | 김영수 그림 | 아이세움

초등학교 교과서에도 실린 이 그림책은 짱짱이가 동생을 팔러 시장에 가는 이야기입니다. "내 동생은 만날 이쁜 척 알랑알랑거리고, 고자질쟁이에다 욕심꾸러기 먹보거든." 짱짱이가 동생을 팔러 나가며 사람들에게 그 이유를 말하지만 동생을 산다는 사람이 나타날수록 동생을 파는 게 아까워집니다. 짱짱이는 어느덧 동생에 대해 이렇게 말하게 됩니다.

"인형처럼 이쁘지는 않지만 내 동생은 말도 할 수 있고, 춤도 출 수 있는걸요. 또 집 지킬 때 같이 있으면 하나도 안 무서워요. 내 동생은 아주 비싸요. 억만 원은 줘야 해요."

초등학교 3학년을 대상으로 연극예술수업을 하며 이 이야기를 가지고 활동을 한 적이 있습니다. 이야기를 함께 읽고 역할 속 인물이 되어 실감나게 대사도 읽어보고, 모둠별로 표현하고 싶은 한 장면을 정해 자유롭게 대사를 더 넣고 빼면서 장면을 다시 만들어보기도 하고, 이야기 속 인물이 되어 감정을 표현해보기도 했습니다.

마지막 활동은 가족 벼룩시장이었습니다. 가족 중 잘 팔릴 것 같은 한 명을 정해 홈쇼핑 쇼호스트가 되어 팔아보는 활동입니다.

"여러분, 우리 아빠를 사세요. 우리 아빠는요, 밤에 코를 안 골아서 편하게 잠을 잘 수 있습니다. 아빠를 사면 학원에 보내지 않는 착한 우리 엄마도 함께 드립니다!"

"우리 동생을 팝니다. 언니에게 양보도 잘하고 애교도 부리는 예쁜 내 동생은 졸릴 때 짜증부리는 거 빼고는 뭐, 키울 만하실 겁니다. 아, 벌써 주문 전화가 많이 오고 있네요."
"우리 엄마를 단돈 천억에 팝니다. 정말 싸죠? 우리 엄마는 못하는 게 없습니다. 요리, 청소, 회사일, 아침에 일찍 일어나기, 공부 알려주기 등 아주 만능입니다, 만능!"
아이들이 가족들의 장점을 말하며 친구들에게 열심히 설명하는 모습을 보면 빙그레 웃음이 납니다. 형제 때문에 스트레스 받는 아이가 있다면 이 그림책을 읽어보세요. 그리고 그 가족을 판다면 어떤 장점을 내세워 어떤 가격대로 팔지도 함께 상상하며 이야기해보세요. 엉뚱한 장점, 솔직한 판매 전략을 세우며 함께 웃고 이야기 나누는 과정을 통해 알게 모르게 쌓였던 감정의 앙금을 해소할 수 있을 것입니다.

세상에서 가장 위대한 소원

　간혹 장애인을 대하는 아이들의 모습에 당혹스러울 때가 있습니다. 막말을 하는 아이도 있고, 큰 소리로 놀리는 아이도 있고, 눈에 띄게 피하는 아이도 있지요. '아직 어리니까', '아직 뭘 모르니까' 라고 생각하기엔 너무나 가슴 아프고 안타까운 모습입니다. 장애인을 대하는 비장애인인 내 아이의 모습은 어떨까요? 우연히 장애인을 마주친 아이가 "저 형아 왜 그래?"라고 물어봤을 때 엄마인 나는 뭐라고 이야기해주면 될까요?

　그동안 다운증후군, 뇌병변, 지적장애 등 다양한 장애를 가진 친구들과 연극 치료를 통해 만나며 그들을 많이 이해할 수 있었습니다. 장애를 가지고 있다고 하더라도 그들도 당연히 감정을 느끼며 자존심이 있습니다. 타인의 시선을 의식하며, 좀 더 나은 모습을 보이고자 노력하지요. 일정 시간마다 그들과 같은 공간에서 만나 수업을 진행하다 보니 알게 되었습니다. 서로 장애를 가졌다는 공통점이 있음에도 그들 사이에 리더와 왕따가 있음을요. 그리고 조력자도 있고, 중재자도 있음을요. 서로의 장애를 정확히 인식하고 있어서 연극 치료 중에서 뭔가 세밀한 표현이 필요 할 때면 굳이 말하지 않아도 조작 능력이 부족한 친구를 묵묵히 도와주고, 돌발 행동을 하는 친구를 자연스럽게 자제시키기도 했지요. 그들은 우리가 도와주거나 동정해야 할 존재가 아니라, 인정해야 할 친구들입니다. 그들 나름의 사회생활을 할 수 있는 환경을 조성하도록 힘을 보태주며 우리나라의 한 사회구성원으로서 존중해주어야 합니다.

　버스정류장에서, 지하철에서, 길거리에서 장애를 가진 사람을 만나면 일부러 외면하거나 혹은 너무 주시하지 말고 그냥 가던 길을 가면 됩니다. 혹시라도 도움을 요청하면 반감을 가지지 마시고 이야기를 들어주면 됩니다. 네, 알고 있습니다. 그들과 마주할 때 어느 정도의 두려움이 생긴다는 것을요. 어떤 이유로 뭔가 도와주기 어려운 상황이라면 지금 도와줄 수 없음을 말해주고, 말을 못 알아듣거나 적극적인 도움이 필요해 보이면 가까운 경찰서에 연락해 도움을 요청해도 좋을 것 같습니다.

장애아를 키우는 엄마들과 만나며 아픈 이야기를 많이 들었습니다. 항상 '미안합니다, 죄송합니다'를 입에 달고 살아 버릇이 되었다는 엄마, 이제 담담해질 때도 되었건만 아이와의 외출이 매번 두렵다는 엄마, 언제 소리 지를지, 뛰쳐나갈지 몰라 항상 긴장 속에서 산다는 엄마. 꽉 쥐고 있는 아이와 연결된 보이지 않는 끈을 가끔은 탁, 놓고 싶을 때도 있다는 엄마.

장애아를 키우는 엄마를 대상으로 연극 치료를 진행할 때, 발달장애아를 키우는 한 어머니께 들은 이야기입니다. 그 어머니는 자신의 아이에게 평생 고칠 수 없는 장애가 있음을 받아들이는 것 자체가 참 힘들었다고 하셨습니다. 아이가 클수록 더 그랬다고요. 겉으로 보기엔 멀쩡하지만 의사표현은 물론 대화도, 행동 예측도 되지 않는 사랑하는 내 아이를 보며 '내일은 나아지겠지' 하고 그저 하루하루 버티셨다고 합니다. 시골에 있는 시어머니를 찾아뵐 때마다 이런 말을 들었다고 합니다. "야야, 여기 높다란 장독대에서 애 한번 밀어 봐라. 누가 그러는디 그러면 제정신으로 돌아올 수도 있다고 그러더라. 한번 해봐라, 응?" 그 말을 들을 때마다 마음이 괴로우면서도 한편으로는 '한번 해볼까?' 하는 생각까지 들곤 했답니다.

시간이 흘러, 아이가 일곱 살이 되던 해, 잠깐 외출을 했던 어머니께 다급한 전화 한 통이 걸려왔습니다. "큰일났어, ○○가 높은 데서 떨어져서 지금 119 불렀어! 얼른 와, 얼른!" 그 이야기를 들은 어머니는 순간 정신이 혼미해졌지만, 이내 발걸음이 빨라졌습니다. 그러다 마음이 곧 진정되면서 이런 생각이 드셨답니다. '아, 혹시 우리 아이가 잘못되는 건가? 내가 이제 편해질 수 있는 건가?' 다행히 아이는 생각보다 많이 다치지 않았고 아이와 어머님의 일상도 곧 평범해졌습니다. 그러나 어머니의 마음은 그날 이후, 완전 변했습니다. 다친 아이 소식을 듣고 '혹시…'라는 생각을 했던 그 자체가 스스로 용서되지 않았고, 발달장애인 아이가 전보다 더 소중해지셨다지요. 세월이 흘러 아이는 청년이 되었고, 그 어머님은 나이 지긋한 중년이 되었습니다. 어머니는 말씀하셨습니다.

"내 아이가 사고를 당했던 그날, 내가 그런 생각을 했다고 해서 누가 날 욕할 수 없어요. 날 욕할 수 있는 건 나뿐이에요. 자식이 죽길 바랐던 엄마의 마음은 당사자가 아니면 아무도 몰라요. 난 평생 나를 용서하지 못할 거예요."

어머니는 오늘도 청년이 된 아들의 손을 잡고 집을 나섭니다. 낯선 이에게 서슴없이 다가가는 행동을 단속하고 놀란 사람들에게 익숙한 모습으로 허리 숙여 사과하며 오늘도 아들의 손을 잡고 길을 걷습니다.

"장애아 키우는 엄마들 소원은 다 똑같을 걸. 내 아이보다 딱 하루 늦게 죽는 거. 그게 소원이지, 뭐. 다른 소원 하나도 없어."

호탕하게 웃던 그녀의 모습이 마음속에 참 오래도록 가슴에 남아 있습니다.

그 어떤 소원보다
정말 간절한 엄마의 소원,

아이보다 딱 하루 늦게 죽는 것.
세상에서 가장 슬프지만
세상에서 가장 위대한 소원인 것 같습니다.

찬이가 가르쳐 준 것

허은미 글 | 노준구 그림 | 한울림스페셜

장애아를 키우는 엄마들을 만날 때면 참 죄송스럽고 민망합니다. 그동안 아들 셋 키운다며 힘들다, 고되다, 피곤하다는 말을 달고 살던 제 자신이 얼마나 못나 보이는지요. 그분들의 하루를 속속들이 알지는 못하겠지만 그래도 대략의 일과는 알고 있거든요. 정말 한시도 쉬지 못하는 매일의 반복. 이 그림책에는 그분들의 고군분투하는 하루가 담겨 있습니다. 그리고 그 안에 작은 것에도 감사하는 한 엄마의 이야기를 담담하게 그려져 있습니다. 장애에 대한 편견이나 선입견을 가지고 있는 아이들과 함께 읽어보세요. 특히 장애를 가지고 놀리거나 비하하는 아직은 철이 없는 아이들의 모습을 보신 적이 한 번이라도 있으시다면 꼭 함께 읽으시길 권합니다.

찬이를 앉히고 눕히고 일으키고, 씻기고 입히고 먹이고, 팔다리가 굳지 않게 운동을 시키고, 물리치료에 인지치료, 놀이치료를 하러 다니느라 엄마는 하루하루가 바쁘고, 하루하루가 고단합니다. 그런 엄마를 보며 사람들은 말합니다.
"쯧쯧, 걷기라도 하면 얼마나 좋아."
"말이라도 하면 좋을 텐데."
"저런 엄마는 무슨 낙으로 살까?"

내가 찬이 때문에 속상해할 때마다 엄마는 말한다.
"엄마는 찬이 때문에 힘든 일도 많지만
배운 것도 참 많아."
"찬이 때문에 엄마는,
하루하루를 소중히 여기고
아주 작은 일에도 감사하는 법을 배웠어."
"찬이 때문에 엄마는,
작은 목소리에 귀 기울이는 법을 배웠고,
천천히 세상을 즐기는 법을 배웠어."
"그리고 찬이 덕분에
어려울 땐 가족이
큰 힘이 된다는 걸 알았지."

— 책 속에서

서툴러도 괜찮아, 다 괜찮아

연극예술수업을 하다 보면 참 다양한 아이들을 만납니다. 그중 가장 기억에 남는 아이가 있습니다. 연극예술강사는 외부 강사이기 때문에 학생 개인에 대한 정보가 제공되지 않지만 몇 번 수업을 하다 보면 어느 정도 느낌이 옵니다. 초등학교 2학년 때부터 2년 동안 만나게 된 A 학생은 딱 봐도 모범생이었습니다. 공부를 잘하는 것은 물론 목소리도 크고 자신감도 있어 친구들 사이에서 항상 주목받는 아이였습니다. 수업 초반에는 그저 '똑 부러지는 친구'라고 생각했습니다. 하지만 연극수업 중후반부로 갈수록 조금씩 빛을 잃어가기 시작하더군요. 수업 내용이 점차 상상력을 기반으로 이루어졌기 때문입니다. 정답이 없는 문제를 아이들에게 내주고 마음대로 상상하고 마음껏 표현하도록 했습니다. 예를 들면 연필 하나를 보여주고 '이것을 다른 용도로 바꾸어 상상하고 사용하는 모습을 실감나게 팬터마임으로 발표해볼까?'라고 질문을 던집니다. 그러면 아이들은 손을 들고 무대에 나와 연필을 지팡이로, 우산으로, 빨래 건조대로, 몽둥이로, 도깨비 방망이로 혹은 우주선으로 표현합니다.

아이들은 몸으로 표현하는 연극 시간을 체육 시간처럼 임합니다. 일반 교과 시간과는 다르게 뭔가 자유롭고 편안한 분위기에서 발표를 하지요. 많은 친구들이 무대에 나와 평범한 연필을 다양하게 표현했습니다. 발표를 한 아이들이 늘어갈수록 발표하지 않은 아이들은 중압감을 느끼기 시작했지요. 결국 발표한 아이들이 큰 목소리로 발표하지 않은 친구들 이름을 부르며 발표를 종용하기 시작했습니다. 결국 발표를 하지 않은 A 학생은 많은 친구들의 응원으로 무대에 나오게 되었습니다. 무대에 나온 뒤에도 한참이나 망설였습니다. 친구의 의외의 모습에 나머지 학생들이 당황하기 시작했습니다.

"왜 안 해? 얼른 하고 들어와."
"너 일부러 안 하는 거지? 관심 받으려고!"

친구들의 핀잔이 시작되자 아이는 더욱 긴장하기 시작했습니다. 일단 상황에 개입해 분위기를 환기시키고 짧아도 된다며 A 학생의 몸과 마음을 풀어주었습니다. A 학생은 뭔가 표현하려다 말고 계속 저에게 조용한 목소리로 "선생님, 이렇게 해도 되요?" 혹은 "이렇게 하면 안 될 것 같은데…, 저 틀렸죠?"라며 확신 없는 모습을 보였습니다. 장난 반, 진담 반으로 핀잔을 보내던 친구들이 일순간 조용해졌습니다. 항상 자신감 넘치고 목소리 크던 친구의 정반대 모습에 당황한 것이었지요. 결국 A학생은 연필을 샤프로 표현하고는 자리로 들어갔습니다.

"연극은 상상이야. 상상에는 정답이 없어. 네가 생각한 것이 곧 정답이거든. 그래서 그 정답을 친구들에게 알려주기 위해서라도 정확하게 표현해줘야 한단다. 샤프 꼭지를 꾹꾹 누르는 표현이 정말 좋았어. 그렇게 표현했기 때문에 친구들이 샤프라고 알아차릴 수 있었던 거야. 잘했다."

쩔쩔매며 소심한 모습을 보인 A학생을 다독이면서도 속으로는 몹시 당황했습니다. 정답이 있는 문제에서 두각을 보인 학생이 정답이 없는 문제에서는 정반대의 모습을 보여주었기 때문입니다. 매일 문제를 풀고 정답을 찾는 공부만 해온 A학생에게는 정답이 없는 문제야말로 가장 풀기 어려운 문제였을 것입니다.

"틀려도 괜찮아!"

A학생을 다시 만나면 꼭 말해주고 싶은 말입니다. 틀려도 괜찮아, 표현에 서툴러도 괜찮아. 그리고 꼭 정답만 있는 문제에 매달리지 않아도 괜찮아. 그냥 마음대로 해도 괜찮아. 남의 시선을 너무 의식하지 않아도 괜찮아. 네가 모범생이 아니어도 괜찮고, 독서왕이 아니어도 괜찮아. 항상 1등을 하지 않아도 괜찮아. 다 괜찮아.

틀려도 괜찮아

마키타 신지 글 | 하세가와 토모코 그림
유문조 옮김 | 토토북

구름 위의 신령님도 틀릴 때가 있는데
태어난 지 얼마 안 된 우리들이
틀린다고 뭐가 이상해.
틀리는 건 당연하다고.

틀리는 것투성이인
우리들의 교실.
두려워하면 안 돼.
놀리면 안 돼.
마음 놓고 손을 들자.
마음 놓고 틀리자.

틀릴 땐 친구들이
고쳐 주고 가르쳐 주면 되지.

어려울 땐 선생님이
지혜를 내어 가르쳐 주면 되지.

― **책 속에서**

저는 제 아이들이 틀려도 괜찮습니다. 하지만 틀린 것을 알고서 짜증을 내거나 포기하는 건 괜찮지 않습니다. "틀려도 괜찮아, 다음에 잘하면 되지, 뭐!"라며 다음을 기약하거나 "아, 틀려서 아쉽다. 그래도 어쩌겠어, 벌써 틀린 걸!" 하고 툭툭 털어냈으면 좋겠습니다. 엄마의 너무 큰 바람일까요?

아이들에게 손을 들어 발표하는 것은 참 쉽지 않은 일입니다. 하지만 한 번 해보고 나면 또 하고 싶은 마음이 들 정도로 중독성이 있지요. 유독 틀릴까봐 불안한 마음에 손도 들지 못하는 아이와 이 책을 읽어보세요. 그리고 틀리는 건 당연하다고, 엄마도 틀릴 때가 있다고 당당하게 말해주세요.

틀렸다고 웃거나
바보라고 놀리거나
화내는 사람은 없어.

틀리는 것이 선생인
우리들의 교실.
두려워하면 안 돼,
놀리면 안 돼.
마음 놓고 손을 들자.
마음 놓고 틀리자.

코끼리는 어디서 왔을까?

곤충박물관, 파충류 체험전, 동물 농장, 원숭이 공연장, 돌고래 쇼, 양떼 목장, 말타기 체험장, 애견 카페, 아쿠아리움, 조류 체험전, 나비 박람회….

아이를 키우다 보면 자연에 대한 호기심을 자극하기 위해 동식물을 직접 체험하러 이런저런 곳들을 일부러 찾게 됩니다. 관람료나 체험비가 싼 편은 아니지만 신기해하고 재미있어하는 아이 모습을 보며 부모는 본전은 뽑았다며 위안을 얻곤 하지요. 그리고 즐거운 마음으로 인증 사진을 남깁니다.

하지만 부모와 아이의 흥미진진했던 시간 뒤엔 분명 동식물들의 아픈 이면이 존재합니다. 실제와 거의 유사하게 만든 전시장의 모습과 분위기에 압도되면 마치 원래 그곳에 살았고 앞으로도 그곳에서 살아갈 것처럼 보이지만 현실은 전혀 다르지요. 밤에 주로 활동하는 동물들이 낮에 전시되는가 하면 심지어 여름에는 야간 개장이라는 이벤트로 밤에도 제대로 쉬지 못합니다.

호기심 많고 활동적인 성격인 원숭이들이 나무 하나 덩그러니 놓인 작은 콘크리트 우리에서 지내다 보니 스트레스로 각종 질병에 시달립니다. 가장 흔한 병명은 상동증입니다. 의미 없이 한 가지 행동을 반복하는 증세를 말하지요. 곰이 상동증에 걸려 좌우로 몸을 흔들고 있으면 사람들은 "곰이 춤추네!" 하고 박수를 칩니다.

사람들 앞에서 쇼라고 불리는 행위를 보여주기 위해 동물들은 얼마나 힘든 시간을 견뎌야 했을까요? 불편한 행동 오래 참기, 아파도 참고 움직이기, 실수하면 매 맞기, 소음에 반응하지 않기, 졸려도 참기, 배고파도 소리 내지 않기, 몸을 옥죄이는 옷 입기, 한곳에 오래 서 있기, 엄마 보고 싶어도 참기, 소리 내어 울지 않기, 다른 동물이 맞아도 모른 척하기….

물론 저도 아이들을 데리고 동물원이나 체험전에 간 적이 있습니다. 하지만 앞으로는 그런 곳에 갈 기회가 생기면 한 번 더 생각해볼 것 같아요. 동물쇼를 보며 신기하다고, 잘한다고 박수를 치는 것 자체가 인간의 잔인함을 증명하는 대표적인 장면이라고도 할 수도 있으니까요. 체험전이나 전시장에 있던 생명들은 기간이 끝나면 어떻게 되는 걸까요? 고향으로 돌아갈 수 있을까요?

아이들이 동물쇼나 체험전에 가자고 하면 어떻게 해야 할까, 생각해보았습니다. 아무리 생각해봐도 가장 좋은 것은 자연 그대로의 동식물 모습을 관찰하는 것 아닌가 싶습니다. 동네에 있는 작은 수풀이나 산, 하천도 좋습니다. 공원 풀밭도 좋고, 지나가는 강아지도 좋지요. 그것이 어렵다면 미디어를 통해 관찰하는 것도 방법일 겁니다. 자연 다큐멘터리를 보는 것도 좋고 관련 책도 좋습니다. 그들의 생명이나 서식지에 영향을 끼치지 않는 선에서 그저 바라만 보는 것이죠.

동물쇼나 체험전은 아이들을 위해 만들어졌겠지요. 하지만 사람과 같이 하나의 생명인 동물과 식물을 꼭 직접 만져보고 눈으로 봐야만 호기심이 충족되는 건 아닐 겁니다. 철장 안에 갇혀있는 동물들을 보며 "책 속 모습과 똑같지?"라고 묻거나 곤충을 직접 손 위에 올려보며 "TV에서 본 거랑 똑같지?"라고 물어보는 것만이 진정한 교육이라고 생각하지 않습니다. 만일 아이가 동물이나 곤충을 너무 좋아해서 그런 곳을 일부러 찾아갈 정도라면 아이와 함께 먼저 이야기해보세요, 자연 그대로를 보호하려는 마음이 동물과 곤충을 정말 좋아하는 마음이 아닐까 하면서요.

곤충들은 촉촉한 모래 더미 속에서, 어린 동물들은 포근한 엄마 품에서, 물고기들은 깊고 깊은 바다 밑에서, 새들은 끝이 보이지 않는 너른 하늘에 있어야 합니다. 인간에게 잔인하게 포획당하는 아픔과 살던 곳을 떠나 전혀 다른 환경에 덩그러니 혼자 남겨지는 두려움을 더 이상 느끼게 해서는 안 됩니다.

　이렇게 말해놓고도 독박 육아를 하는 이번 주말, 아이들 등쌀에 떠밀려 동물원 구경을 갈지도 모르겠습니다. 토끼에게 먹이도 주고 원숭이와 호랑이 앞에서 사진도 찍겠지요. 동물들의 아픔은 뒤로 한 채, 우리 아이들이 신기해하고 즐거워하는 모습만 사진에 가득 담아 오겠지요. 그래도 동물원에 다녀와서 아이들과 우리가 구경했던 동물들에 대해 이야기해봐야겠습니다. 우리에게 보여지기 위해 갇혀 있었던 그 동물들에 대해 말입니다. 그리고 만일 동물과 사람의 처지가 바뀐다면 어떤 기분이 들지 상상도 해봐야겠습니다. 자연 그대로, 자연 그 자체가 가장 큰 교육임을 잊지 말아야겠습니다.

코끼리 서커스

곽영미 글 | 김선영 그림
숨쉬는책공장

아이를 키우면서 동물원 한 번 가보지 않은 부모가 있을까요? 직접 만지게 하고 직접 보게 하고 싶은 마음. 너무나 잘 이해합니다. 그러기에 이 그림책이 더 마음에 닿았는지도 모르겠습니다. 놀이공원에 가서 필수로 들러야 하는 곳이 바로 곰이나 맹수가 있는 사파리 월드니까요. 하지만 우리는 한 번 더 생각해야 하는 어른입니다. 내 아이를 위한 호기심 충족뿐 아니라 내 아이가 살아갈 미래까지도 생각해야 하는 부모입니다. 동물도 자연의 일부입니다. 자연을 자꾸 훼손시키는 것 또한 내 아이의 미래를 어둡게 하는 한 요인임을 깨달아야겠습니다. 아이와 함께 이 그림책을 읽으며 인간의 만족만을 위해서 그 어떤 동물도 희생되거나 아픔을 겪지 말아야 한다는 마음을 가지게 되었으면 좋겠습니다. 이 책은 묻고 있습니다.

> 그런데 코끼리는 어디서 왔을까?
> 엄마, 아빠는 어디에 있는 걸까?
> 서커스는 어떻게 배웠을까?
> 코끼리도 서커스를 좋아할까?
>
> — 책 속에서

생태발자국을 아시나요?

생태발자국이라는 말을 들어본 적 있으세요? 생태발자국은 한 사람이 생활할 때 필요한 모든 자원과 에너지, 그리고 그것을 버릴 때 드는 비용을 땅의 크기로 바꾸어 계산한 것이라고 합니다. 생태발자국이 커지면 지구와 우리 모두가 힘들어지는 거죠. 저도 생태발자국이라는 말은 책을 보고 나서야 알았답니다.

아이를 키우면서 자연의 중요성을 새삼스레 깨닫게 됩니다. 내 아이가 앞으로 밟았으면 하는 흙, 안전하게 만졌으면 하는 모래, 언제나 푸르렀으면 하는 나무, 어디서든 발견할 수 있었으면 하는 벌레들, 다양한 종류의 이름 모를 꽃들, 아이들이 마음 놓고 뛰어 놀았으면 하는 들판, 여유로움을 선물해주는 숲, 언제나 내 아이와 함께 했으면 하는 맑은 공기. 우리 세대가 아닌 다음 세대를 위해 꾸준히 관심을 갖고 중요하게 생각해야 할 것이 바로 자연임을 알게 된 것입니다. 하지만 그 중요성을 알고 있으면서도 실천이 되지 않아 늘 고민입니다. 분명 덜 쓰고, 아예 쓰지 말아야 하는 것들도 있는데 알게 모르게 쓰게 되고 지키기가 참 쉽지 않잖아요. 아이를 키우다 보면 나도 모르게 주변에 일회용품이 가득하니까요. 나도 모르게 환경을 망치는 물건들이 집 안에 가득 차 있을 때도 많고요.

우선 신생아 때부터 쓰게 되는 일회용 기저귀가 있습니다. 자연 상태에서 잘 분해가 되지 않는 물질로 만들어진다지요. 하지만 천기저귀를 쓰려면 많은 에너지가 필요하기 때문에 알면서도 못 쓰지 않나 싶습니다. 일회용 기저귀가 참 편하잖아요. 종이컵도 마찬가지입니다. 장바구니를 못 챙겨서 자꾸만 쓰게 되는 비닐봉지, 나들이에서 아무 생각 없이 쓰게 되는 나무젓가락, 부담 없이 빼 쓰는 비닐장갑, 거품이 나는 목욕세제, 집 안의 크고 작은 플라스틱 물건들, 필수품처럼 사는 일회용 물티슈까지….

아이를 키우면서 매일매일 생태발자국을 남기고 사는 지구인으로서 지구에게 새삼 미안해집니다. 거리에 쓰레기를 버리지 않아도 공기를 오염시키는 자동차를 타고, 장바구니를 챙겨 외출을 해도 집에 들어와 더우면 에어컨을 켜고, 나무젓가락을 되도록 사용하지 않으려 하지만 그렇다고 나무를 가꾸지도, 심지도 않거든요.

어떻게 하면 좋을까요? 우선 어렵지 않은 실천사항 한 가지를 정하는 것으로 시작해보려 합니다. 예를 들면 물티슈를 쓰고 싶을 때마다 한 번 더 생각하고 대체할만한 손수건, 행주, 걸레 등을 사용하기, 비닐봉지나 비닐장갑은 깨끗이 씻어 재활용하기, 분리수거 철저히 하기, 플라스틱류는 되도록 사지 않고 가지고 있는 것으로만 버텨보기, 이면지 활용하기 등등 말이지요.

우리의 어린 시절을 돌이켜보기만 해도 지금의 환경이 얼마나 오염되었고, 얼마나 생태계를 파괴되었는지 알 수 있습니다. 어디서든 볼 수 있었던 것들이 요즘은 특별한 곳, 특정 시기에만 볼 수 있게 되었으니까요. 미세먼지라는 단어조차 없었지만 미세먼지 없는 날이 가장 간절하고 반가운 날이 된 것처럼요. 예전엔 동네 골목마다 흔하게 나무 그늘을 만날 수 있었지만 지금은 일부러 심어놓아 인공적인 느낌이 가득한 나무들만 있을 뿐입니다. 동네 뒷산의 모습도 참 많이 변했지요. 빽빽하던 나무들은 온데간데없이 사라지고 아파트나 숙박시설 혹은 횡한 공원 등이 조성되어 여기저기 매끈한 시멘트로 채워져 있습니다.

무한하게 느껴지지만 유한한 자원인 자연 생태계. 우리 세대에서 훼손시키는 만큼 우리 다음 세대인 내 아이, 내 손주, 내 손주의 후손이 누릴 수 있는 것이 적어지고 있음을 기억했으면 좋겠습니다. 아이들에게도 이런 사실을 이해시키고 재미로라도 나무를 꺾지 않게 하고, 호기심으로라도 개미를 밟아 죽이지 않도록 또 생각 없이 쓰레기를 버리는 행동을 하지 않게끔 교육해야겠습니다.

"미안하다, 지구야. 오늘은 너를 한 번 더 생각할게!"

무엇보다도 엄마인 제가 지구의 생태계를 항상 염두에 두고 솔선수범을 보여야겠지요. 지구 위에서, 생태계 속에서, 자연의 소중함을 느끼며!

내 발자국이 지구를 아프게 해요

에코박스 글 | 홍수진 그림 | 지구의아침

학교 앞을 지나다 혹은 놀이터에서 꼭 목격하게 되는 것이 있습니다. 바로 아이들이 무의식적으로 자연스럽게 길가에, 화단에 쓰레기를 버리는 모습이지요. 한 가지 특이한 것은 나이가 어릴 수록 그런 행동을 하는 횟수가 적다는 점입니다.

어린이집이나 유치원을 다니는 어린아이들은 '쓰레기를 버리면 안 된다'는 이야기를 수시로 듣기 때문일까요. 초등학생만 되도 먹던 아이스크림 껍질이나 길에서 받은 홍보물도 쉽게도 버립니다. 중학생들은 약속이나 한 듯이 이곳저곳에 던지고요. 고등학생들도 마찬가지. 뭐 일부 어른들은 말할 것도 없지요.

자신의 쓰레기만이라도 주머니에 넣어두었다가 정해진 곳에 올바르게 버리는 일, 이 작은 수고로움이라도 제대로 교육시키고 주지시켰으면 좋겠습니다. 환경 보호가 별다른 일이 아님을 알았으면 좋겠습니다. 아이들이 무의식중에 하는 사소한 행동이 내가, 우리 가족이, 우리 친구들이 사는 지구를 얼마나 아프게 하는지 꼭 깨달았으면 좋겠습니다.

왜 아프냐고? 내 몸에 찍힌 발자국 때문이야. 너와 친구, 가족 그리고 많은 사람들이 내 몸에 시커먼 발자국을 찍어서 아파. 발자국을 지우지 않으면 나는 더 많이 아플 거야. 그러니까 발자국을 지워줘. 나는 네 곁에서 아주 오래도록 친구가 되고 싶어. 나를 도와줘. 더 아프지 않게 도와줘. 그럴 거지?

나는 이 세상에 하나뿐인 네 친구, 내 이름은 지구야.

― 책 속에서

우리 아이에게 최고인 엄마

아이를 낳기 전까지는 제가 정말 즐기면서 아이를 키울 거라 생각했습니다. 지나가는 아이를 봐도 그냥 지나치지 못했고, 스무 살 때 태어난 첫 조카는 거의 키우다시피 했기에 내 아이가 생기면 꽤 능숙하게 돌볼 줄 알았던 것이죠. 물론 아주 큰 착각이었지만요.

첫 조카는 이모인 저를 더 닮아 유독 예뻐했습니다. 눈에 아른거려 학교에 가기 싫을 정도였고, 몸조리로 친정에 와 있던 언니보다 더 예민하게 아이 울음소리에 깨어 밤마다 기저귀와 분유 타 먹이곤 했지요. 피로 누적으로 코피를 흘린 적도 있을 정도였습니다. 두 명의 조카를 씻기고, 먹이고, 입히고, 재워봤기 때문에 엄마 역할에 나름 자신이 있었던 거지요. 그런데 엄마가 되어 돌이켜보니 저는 언니의 힘듦을 전혀 알아주지 못했습니다. 아이를 낳고서야 비로소 알았지요. 그때 어린 두 아이의 엄마였던 언니가 얼마나 힘들었을지. 엄마가 되고 보니 조카를 볼 때와 내 아이를 키울 때 느껴지는 부담감과 책임감, 의무감은 그야말로 하늘과 땅 차이였습니다.

이모로서는 최고였지만 내 아이를 키울 때는 그럴 수 없음을 깨달았습니다. 조카에게는 손쉽게 해주던 것이 내 아이에게는 적용되지 않았습니다. '중이 제 머리 못 깎는다'는 말이 그렇게 와 닿을 수가 없더군요. 아무리 다양한 놀이방법을 알고 있어도 내 아이와 놀 때는 그저 힘들기만 했고, 책 하나 읽어주는 것에도 많은 에너지가 필요했습니다. 간단하고 쉬워보였던 아이와의 시간 보내기에는 고도의 집중력이 필요했습니다. 쌓여있는 집안일을 외면할 수 없었거든요.

우연히 TV에서 육아 전문가의 말을 들었습니다. "아이가 엄마를 찾으면, 아이가 엄마를 원하면 엄마는 언제든지 아이 곁으로 달려가야 합니다. 설거지하다가도 고무장갑을 팽개치고 달려가고, 청소하다가도 걸레를 던져놓고 달려가고, 드라마를 보다가도 TV 리모컨을 들고서라도 내 아이에게 향해야 합니다. 엄마라면 당연한 행동입니다." 저는 그 장면에서 무척 화가 났습니다. 아이가 엄마를 찾으면 엄마는 무슨 이유인지 알기 위해서 가야 하는 게 맞습니다. 하지만 '엄마는 꼭 그렇게 해야 한다'는 말이 아이의 안전을 우선해야 한다는 사실을 넘어 정형화된 엄마의 모습으로 희생만을 강요하는 것처럼 보였거든요. 엄마에게 '~ 해야만 당신은 엄마로서 자격이 있다'는 식의 이야기 같았습니다.

  엄마도 사람입니다. 때론 아이 곁으로 곧바로 가지 못할 때가 있습니다. (아이의 안전은 물론 0순위지만요.) 그 전문가에게 묻고 싶습니다. 아이와 단둘이 있는 집에서 눕기만 하면 쓰러질 것 같은 몸으로 겨우겨우 설거지를 하며 아이를 돌본 적이 있냐고요. 아이가 지날 때마다 먼지가 날리는 어질러진 집을 청소하며 아이를 돌봐봤냐고요. 아이 때문에 정말 좋아하는 드라마를 대강 곁눈질로만 본 적 있느냐고요. 엄마여서 당연하다는 것들. 누구도 알려주지도 않았고, 엄마가 되고 나서야 알게 된 것들인데, 그래서 겨우 하나하나 헤쳐가고 있는 것인데, 수많은 엄마들에게 당신의 말은 너무나 매섭고 날카롭다고요. 아들 셋을 낳고 저는 다짐했습니다. 최고의 엄마가 되려고 노력하지 말자고. 아이가 엄마를 찾을 때 바로 못 갈 수도 있고, 기다리게 할 수도 있음을 인정하자고. 나는 그런 엄마라고.

  최고가 될 수는 없지만, 나쁘지 않은 엄마가 되기 위해서는 어떻게 해야 할까 혼자 고민해보았습니다. 정답이 없는 문제에 저만의 답을 내보았지요. 아들 셋을 낳고 키우며 제가 정한, 여섯 가지 습관을 함께 나눠봅니다.

  첫째, 육아 에너지 키우기.

  엄마에게는 육아를 위한 정신적, 신체적 에너지가 필요합니다. 적어도 기본 51퍼센트 정도(반은 넘겨야 한다는 의미로)는 에너지가 충전되어 있어야 합니다. 전업맘이라면 아이가 하원하거나 하교하기 전, 단 10분이라도 좀 누워서 쉬세요. 아니면 좋아하는 것을 잠깐이라도 하면서 "난 충전중이야"라고 의식적으로 중얼거리세요. 워킹맘이라면 회사 퇴근 후, 집으로 출근하기 전에 편의점에서 달달한 초콜릿이라도 하나 사 먹으며 마음을 다스리세요. "새로운 출근 시간이야. 잘해보자" 하며 스스로 주문을 외우는 거죠. 단 5분이라도 길가 벤치에 앉아 가만히 쉬는 것도 추천합니다. 개개인마다 충전 방법은 무궁무진할 것입니다. 저는 집에 있는 날이면 막내가 하원하기 전 달달한 믹스 커피를 타 마시며 '오늘은 대충 목욕시켜야겠네. 오늘은 좀 적당히 놀게 해야지' 하며 나름 저녁 시간을 미리 그려봅니다. 만일 일을 마치자마자 바로 하교와 하원 시간에 맞춰 집에 들어가게 되는 날에는 아이들을 재우고 나서 혼자 먹을 부담스럽지 않은 간식거리를 조금이라도 삽니다. 그리고 속으론 '아이들 빨리 재우고 나 혼자 먹어야지' 하며 콧노래를 부릅니다. 혼자 먹는 것을 통해 에너지를 얻는 것이 아니라 아이들을 재우고 혼자만의 시간을 즐길 명분을 만드는 것이지요. 어떻게 보면 아주 사소한 행동이지만 엄마에게 육아 에너지를 주는 방법임은 틀림없답니다.

둘째, 힐링 타임 만들기.

토요일 오전 열 시 반부터 열두 시까지. 셋째는 남편에게 맡긴 채 첫째, 둘째와 자전거를 타고 한 정거장 정도 거리에 있는 종이접기 수업으로 향합니다. 두 아이를 들여보내고 저는 혼자 카페에 앉아

커피를 마시며 글을 쓰거나 책을 보거나 다이어리를 정리하지요. 일주일 통틀어 가장 행복한 시간입니다. 딱 한 시간 반. 그것도 평일이 아닌 토요일에 혼자만의 시간을 가질 수 있다는 것 자체가 너무나 소중하기에 집중해서 제대로 누리고 싶은 마음이 들거든요. 정말 달콤합니다. 그래서 월요일부터 다가오는 토요일 그 시간에 뭘 할지 머릿속에 그려보며 미소를 짓곤 한답니다.

셋째, 타인의 시선 의식하지 않기.
아들 셋을 출산하기 전에도, 출산한 후에도 저는 남의 눈을 굉장히 의식하는 편이었습니다. 그래서인지 가만히 있어도 한마디씩 던지는 사람들 때문에 마음고생을 꽤 했지요.
'가만히 있으면 아들 셋 엄마라 역시 힘들구나 하고 생각하지 않을까?', '웃으면 아들 셋 키우면서 속도 없이 웃는다고 하지 않을까?' 하며 타인의 생각을 혼자 짐작하고는 여유롭게 아들 셋을 키우는 모습을 보여주려고 애쓰기도 했습니다. 하지만 시간이 갈수록 그런 게 중요하지 않다는 생각이 들었습니다. 아들 셋을 키우는 건 그 누구도 아닌 나이고, 아들이 셋이라는 게 큰 흠이거나 잘못된 일이 아니기 때문이지요. 타인은 타인일 뿐, 아이들의 엄마는 나 자신이기 때문에 내가 하고 싶은 대로 말하고, 행동하면 됩니다. 가장 중요한 것은 우리 가족이고, 남의 시선보다 더 중요한 것은 내가 바라보는 나이니까요.

넷째, 가끔 나에게 물질적인 투자하기.

가끔은 나에게 선물을 주는 것도 참 좋습니다. 비싼 명품 가방이나 구두, 옷을 말하는 게 아닙니다. 단돈 500원짜리 붕어빵으로도 설렐 수 있습니다. 길가 가판대에서 나를 위해 사는 머리띠 하나, 갑자기 생각지도 않게 충동구매 한 만 원짜리 티셔츠 하나, 우연히 마주친 소장하고 싶었던 중고서적, 모두 나에게 투자하는 것이겠지요. 물건을 살 때 오로지 나만 생각합니다. 마치 누군가에게 선물하는 정성스러운 마음으로.

다섯째, 아이에게 올인하지 않기.

많은 엄마들이 하지 말아야지 하면서 가장 많이 하는 것입니다. 하지만 우리 엄마들은 자신도 모르게 아이로부터 시작되어 아이에게서 끝나지요. 먹는 것, 입는 것, 놀러가는 것, 쉬는 것, 청소하는 것까지. 가끔은 살짝 한 걸음만 나와서 바라보세요. 나를 위해 핀 꽃, 내 앞에 놓인 길, 내가 보는 사람, 내가 느끼는 것들, 내가 즐기는 것들. 사소한 것이라도 나를 중심으로 생각하고 판단하는 시간이 있었으면 좋겠습니다. 아무리 다짐해도 엄마들의 내 생각은 1퍼센트 미만이라는 것을 알고 있지만요. 마음가짐이 중요합니다. 아이에게 올인하기보다 오롯이 나에게 집중하는 시간을 조금씩 늘리고자 하는 마음 말입니다. 나를 위하는 게 아이를 위하는 것임을 잊지 마세요.

여섯째, 남편과 사이좋게 지내기.

제게는 정말 중요한 문제입니다. 에너지를 쌓는 데에도, 그 에너지를 잃어버리는 데에도 남편과의 관계가 미치는 영향이 무척 크거든요. 남편과 사이가 조금이라도 틀어지거나 감정이 안 좋아질 때면 제가 느끼는 스트레스와 분노가 모두 아이들을 향합니다. 이 사실을 너무나 잘 알고 있기에 가끔은 남편과의 기싸움에서 먼저 백기를 들 때도 많지요. 부부싸움으로 받을 스트레스 그로 인해 받을 아이들의 피해를 너무나 잘 알고 있으니까요. 남편의 찡그림 한 번, 신경에 거슬리는 말 한마디, 비꼬는 듯한 억양에도 감정은 금방 상하지만, 남편의 미안하다는 말 한마디면 또 금세 말랑말랑해지지요.

아이가 아닌 엄마를 중심으로 이 방법들을 생각해보았습니다. 아무리 노력해도 아무리 생각해도 최고의 엄마가 되는 건 쉽지 않은 일이네요. 엄마도 이렇게 힘든데 아이에게도 최고의 아이가 되어달라고 어떻게 말할 수 있을까요? 그래도 힌트는 줄 수 있겠죠? 아이와 함께 노력하다 보면 언젠가는 둘이 함께 최고의 모자 사이, 모녀 사이가 될 수 있지 않을까요? 우리 엄마에게 최고인 아이, 우리 아이에게 최고인 엄마. 우리 아이는 알고 있을까요, 엄마가 이렇게까지 다양한 생각과 고민을 하며 자신을 키우고 있는지. 모르겠지요. 저도 어렸을 땐 몰랐으니까요. 그냥 우리 엄마는 태어날 때부터 엄마인줄 알았죠.

알고 보면 아이들이 엄마를 최고로 꼽는 순간들은 참 소소합니다. 뭔가 큰 선물을 받거나 깊은 인상을 남긴 순간이 아닌 일상 속 한 장면을 꼽기도 하지요. 그런 맥락에서 보면 서로에게 최고가 되기란 생각보다 쉽고 간단할 수도 있겠습니다. 오늘 한번 아이들에게 물어볼까요? 엄마가 진짜 최고라고 느꼈던 순간이 언제인지를.

오늘도 변함없이 아이들을 위해 생각하고 고민하는 엄마들을 응원합니다. 당신이 특별히 무언가를 하지 않아도, 당신은 누군가의 엄마이기에 최고입니다.

우리 엄마가 좋은 10가지 이유

최재숙 글 | 문구선 그림
미래엔 아이세움

아이가 엄마를 좋아하는 순간들을 담은 이 그림책은 따스한 마음이 저절로 드는 마법 같은 이야기를 들려줍니다. '이런 것도 엄마를 좋아하는 순간으로 꼽을 수 있겠구나' 하는 깨달음을 얻기도 하고, 지난날의 제 모습을 저절로 떠오르게 하기도 합니다. 이 책의 가장 큰 힘은 마지막 페이지인 것 같습니다. "난 엄마가 우리 엄마라서 그냥 좋아." 책을 덮고 나서도 이 말이 마음에 맴도는 건 비단 저뿐만이 아니겠지요. 무언가를 잘해서, 어떤 면이 좋아서 우리 아이가 좋은 게 아닌 것처럼 우리 아이들도 엄마의 어떤 것 때문이 아닌 '그냥' 좋다는 것. 그냥이라는 단어가 주는 여운을 오래도록 간직해보세요.

늘 나무처럼

아직 주부로서 서툴다는 이유로, 아들 셋의 엄마라는 이유로, 육아와 일 사이에서 바쁘다는 이유로, 결혼 후부터 지금까지 바쁠 때, 급할 때, 힘들 때, 귀찮을 때, 추울 때, 더울 때 부모님께 크고 작은 도움을 받으며 투정을 부리고 있습니다. 한 해, 또 한 해가 지닐수록 부모님의 세월이 눈에 보여 늘 죄송한 마음이 듭니다. 넓디넓던 아빠의 어깨가 좁아 보이고, 곱디곱던 엄마의 손이 메말라갈 땐 서글퍼지기도 하지요. 마냥 희생과 양보만 해주시면서도 항상 미안해하고 더 못 해주어 안타까워하시는 우리 부모님 말입니다.

어린 시절 아빠는 몸으로 놀아주시던 분이었습니다. 당시 택시 운전을 하셨는데, 교대 근무를 위해 새벽에 늘 오토바이를 타고 회사로 향하셨지요. 추운 겨울에는 차가운 바람을 한가득 품에 안고, 더운 여름에는 헬멧을 쓴 머리가 땀범벅이 되었겠지만, 그때에는 오토바이를 타시는 아빠의 모습이 그저 멋져 보였습니다. 지금 생각하면 얼마나 힘드셨을지 짐작도 안 가지만요. 더 어릴 때 아빠의 배를 침대 삼아 천장을 보고 누워 길게 하품을 하던 순간이 지금까지도 생각이 납니다. 그랬던 제가 사춘기 무렵부터 아빠와 티격태격 말다툼을 하기 시작했지요. 성인이 되기까지 순하게 자란 언니와 달리 저는 하고 싶은 말을 기어이 다 하는 철없는 막무가내 딸이었습니다.

지금도 아빠는 택시 회사에서 업무를 보고 계십니다. 일주일에 한 번은 손주들에게 전화를 하시고, 한 달에 두어 번씩은 늘 어린 손주 셋을 데리고 슈퍼마켓에 가서 제가 사주지 않는 것들을 마음껏 고르게 하시지요. 나중에 아이들이 커서도 기억할 만한 추억을 남기고 싶다는 핑계 아닌 핑계를 대시면서요.

엄마는 자신의 희생으로 자식을 키우는 엄마였습니다. 본인이 어떤 상황에 처하든 늘 자식이 우선이고, 자식의 입에 들어가는 게 먼저였지요. 우리 엄마에게 가장 고마운 것은 학창시절, 단 한 번도 공부하라고 말씀하신 적이 없으셨다는 것이죠. 시험기간이면 늘 늦게까지 공부하는 딸을 걱정하며 "이제 그만 자라"고 말씀하셨고, 시험 결과가 어떻게 나오든 노력했다는 것에 의미를 두셨습니다. 한번은 그런 엄마가 원망스러울 때도 있었습니다. 다른 엄마들처럼 공부하라고 잔소리를 하셨다면 성적이 더 잘 나오지 않았을까, 하는 말도 안 되는 생각이었지요. 돌이켜보면 참 지혜로운 엄마였습니다. 공부하라는 압박을 받았으면 저는 아예 공부와 담을 쌓았을지도 모릅니다. 공부보다 더 중요한 게 많다는 무언의 메시지를 주셨기 때문에 안심하고 다른 감성들이 더 풍부해질 수 있었던 것이지요.

저는 엄마의 말 한마디 때문에 글쓰기에 흥미를 갖게 되었습니다. 동네 엄마들과 담소를 나누다 제 이야기가 나오자 엄마가 이렇게 말했거든요.

"우리 지현이는 공부를 하려고 노력은 해. 성적이 그만큼 안 나와서 속상해하지. 얼마나 힘들겠어. 근데 얘가 책을 너무 좋아해. 그래서인지 글도 야무지게 잘 쓰더라고. 매일 책 읽고 혼자 끄적끄적하는데 얼마나 기특한지 몰라!"

이 말을 듣고 저는 생각했습니다. '아, 내가 글 쓰는 걸 좋아하는 아이구나!' 그 후로 학교에서 글짓기 대회가 있을 때면 저도 모르게 손을 번쩍 들어 참가하게 되었습니다. 엄마의 선견지명, 저는 확신합니다. 그 때문에 지금의 제가 있을 수 있다고.

엄마와 아빠에게는 아들이 셋이나 있었습니다. 언니 위로 두 명, 저와 언니 사이에 한 명. 그런데 세 명 모두 인큐베이터에서 잃었지요. 큰 아픔을 간직한 우리 엄마 아빠. 아빠는 가끔 어린 저를 보시며 장난스럽게 이렇게 말씀하셨지요. "그때 오빠들이 태어났으면 넌 세상에 없었어, 인마." 친구들이 아들과 함께 목욕탕을 갈 때면 늘 안타까웠을 우리 아빠. 아빠가 잃은 세 아들 몫까지 막내딸인 제가 효도를 해야 하는데 늘 죄송할 따름입니다.

　엄마는 가끔 저에게 이렇게 말했습니다. "엄마가 잃은 아들들이 우리 막내딸한테 다시 찾아온 것 같아." 세 아들을 모두 인큐베이터에서 잃은 우리 엄마는 그 시절의 의료 수준을 탓하며 그 기억을 담담하게 말하곤 했습니다. 하지만 막상 제가 아이를 낳아보니 그때 엄마의 마음이 얼마나 아팠을지 피부로 느낄 수 있었습니다. 세 명의 아들 모두 진통 끝에 낳고선 잃은 엄마의 마음. 상상하지 못할 만큼 고통스러웠을 것입니다. 열 달 동안 품고, 기르고 기나긴 산통 끝에 낳은 아기의 울음소리도 들었을 우리 엄마. 그 아기를 잃었으니, 그것도 세 번이나 잃었으니 얼마나 힘든 시간을 지내오셨을지, 그게 우리 엄마가 겪었던 일이라니, 가슴이 아플 뿐입니다. 엄마의 말대로 저에게 엄마가 잃은 아들들을 찾아온 걸까요. 제 오빠들이 엄마를 위해 저를 통해 큰 선물이 되어준 걸까요.

　반지하를 전전하는 힘든 시기에도 딸들의 학교 준비물이나 참가비를 빠뜨리신 적이 없는 우리 부모님. 오랜 기다림 끝에 청약 통장을 들고 아파트로 입주하게 된 날이 아직도 생생합니다. "저기가 우리가 살 집이 세워질 땅이야", "저기가 우리가 이사할 아파트야. 햇빛이 잘 드는 3층이지!" 하며 하루가 멀다 하고 버스를 타고 아파트 설계 공사가 한창인 집터에 몇 번이나 가서 한참을 바라보다 오곤 했지요.

　부모님은 아직도 그 아파트에 살고 있습니다. 이제는 낡고 오래

되고, 넓지도 않지만 딸들에게 부담이 될까 단둘이 살기엔 충분하다 하시며 평생 그곳에서 지낼 거라 하시지요. 제가 능력이 된다면 텃밭 가꾸기를 좋아하는 엄마를 위해 마음대로 화단을 가꿀 수 있는 곳으로, 허리가 불편하신 아빠를 위해 탄탄하고 큰 소파를 놓을 수 있는 넓은 거실이 있는 곳으로 모시고 싶습니다. 꼭 이루고 싶은 꿈 중 하나이지요.

아이들을 챙기는 데에만 정신이 팔려 애들 생일은 빠뜨리지 않고 챙기면서도 부모님 생신은 깜빡했던 딸. 내 아이가 더울까, 추울까 봐 신경 쓰느라 부모님의 오래된 옷은 눈치채지 못 했던 딸. 내 아이 입에 들어가는 음식이 너무 중요해서 부모님의 입맛을 염두에 두지 못 했던 딸. 모든 것이 죄송하고 또 죄송합니다.

그 어떤 시간이든 딸이 급히 부르면 맨발로 달려오는 우리 엄마 아빠. 딸이 힘들까, 불편할까 걱정하며 어떻게든 힘을 보태주시려는 우리 엄마 아빠. 때론 당신에게 귀찮고 힘든 일임에도 불구하고 딸을 위해서 기꺼이 해주시는 우리 엄마 아빠. 아들 셋을 키우고 있는 막내딸이 행여 아쉬워할까 봐 세상천지 어떤 손녀보다 더 예쁜 손주들이라고 치켜세워주는 우리 엄마 아빠. 모든 것에 감사하고 또 감사합니다.

아직 호강다운 호강을 한 번도 시켜드리지 못 한 것 같습니다. 엄마 아빠의 안방엔 아직도 10년 전 제 결혼식에서 찍은 가족사진이 걸려있습니다. 그래서 우리 세 아들은 없지요. 부모님을 향한 사랑의 표현으로, 호강의 작은 시작으로, 올해 안으로 부모님을 모시고 언니네 식구와 함께 가족사진을 찍어보려 합니다. 큰 액자로 뽑아 안방 한 가운데 달아드리고, 작은 앨범으로 만들어 언제든 볼 수 있게 하고, 미니 사이즈로도 뽑아 지갑에 쏙 넣어드리려 합니다. 그 사진 뒤에 이렇게 써드리고 싶습니다.

"엄마 아빠, 나무처럼 늘 저를 지켜주셔서 함께해주셔서 감사합니다. 사랑합니다."

나무처럼

이현주 글그림 | 책고래

이 그림책은 1층 높이의 어린 나무가 2층, 3층, 4층, 5층 높이로 성장하는 동안의 이야기들을 담고 있습니다. 우리에게 아주 친숙한 은행나무의 시간을 보여주지요. 베란다를 통해 바깥 풍경을 바라보는 우리 아이들에게 밖에 있는 나무들이 집 안에 있는 우리를 어떤 모습으로 보고 있을지 시선을 바꾸며 이야기 나누기에 참 좋습니다. 항상 그 자리에서 우리를 하염없이 바라보며 지켜주는 은행나무. 따스한 색감이 돋보이는 그림책 한 권을 통해 든든함을 선물을 받아 보시길 바랍니다.

<blockquote>
어느덧 스물다섯 살이 되어
키가 아파트 꼭대기 층까지 자랐어요.
긴 그림자만 나를 반겼지요.
혼자 있는 날이 점점 늘어났습니다.
나는 어디까지 자랄까?
생각하고 또 생각했어요.
</blockquote>

아침이 밝았어요.
나는 가지를 아파트 지붕 위로 쭉 뻗었습니다.
오래된 아파트 너머에서
나무들의 인사 소리가 바람을 타고 건너와
가지 끝에 머물렀습니다.
나는 우리 동네 은행나무입니다.

―책 속에서

○   아이들이 꿈꾸는 시간, 내가 꿈꾸는 시간   ○

주근깨 빼빼 마른 빨간 머리 앤. 예쁘지는 않지만 사랑스러워.
상냥하고 귀여운 빨간 머리 앤. 외롭고 슬프지만 굳세게 자라.
가슴에 솟아나는 아름다운 꿈. 하늘엔 뭉게구름 퍼져나가네.
빨간 머리 앤, 귀여운 소녀. 빨강머리 앤, 우리의 친구.
빨간 머리 앤, 귀여운 소녀. 빨강머리 앤, 우리의 친구.

빨간 머리 앤을 참 좋아했습니다. 물론 엄마가 된 지금까지도 참 좋아하고요. 어린 시절, TV를 통해 초록 지붕의 앤을 만날 때면 항상 친구를 만나는 듯 반가웠지요. 요즘도 자전거를 탈 때면 이 노래를 흥얼거리며 달리곤 합니다.

어렸을 때 저는 참 꿈이 많은 아이였습니다. 친구들은 하고 싶은 게 없어서 고민일 때 저는 하고 싶은 게 너무 많아 딱 하나만 고르기가 힘들어 고민이었지요. 간호사로 시작해 화가, 수필가, 잡지 기자, 인터뷰 작가, 배우, 모델, 비서, 라디오 작가까지. 하지만 머리가 클수록 현실과 부딪히니 꿈은 꿈일 뿐이라는 생각이 들었지요. 결국엔 현실과 타협하고 지내다 마음을 다잡고 꿈을 향해 달리고, 그러다 다시 좌절한 채 현실과 손을 잡고, 이내 다시 꿈을 향해 나아가기를 몇 차례. 그렇게 멈추고 달리기를 반복하다 지금의 제가 되었지요. 돌이켜 생각해보니 학창시절에 꾸었던 꿈은 막연했던 것 같습니다. 막상 사회에서 동분서주 노력하다 보니 꿈이 수시로 크기와 중량을 달리해 나를 자극하고 있음을 알게 되었거든요.

인생이라는 길에는 크고 작은 꿈들이 중간중간 버티고 있었습니다. 저는 그 꿈들을 하나하나 지나오며 더 큰 꿈을 꾸고, 다시 그것을 넘어서는 일을 반복해왔습니다. 대학 입학의 꿈을 이루고, 졸업 후엔 무대에 서는 꿈을 이루고, 그 다음엔 좋은 사람을 만나는 꿈을 이루고, 단란한 가정을 꾸리는 꿈을 이루고. 지금은 아이를 키우며 다시 나를 찾는 꿈을 향해 달리고 있고. 어쩌면 사람은 매일 크고 작은 꿈들을 만들고, 이루고, 다시 꿈꾸며 사는 건지도 모르겠습니다.

빨간 머리 앤을 보면 초록 지붕에 사는 앤이 거의 매일 창가에 앉아 밖을 쳐다보며 자신이 앞으로 이룰 꿈들을 상상하며 다짐하는 장면이 나옵니다. 그리고 앤은 결국 자신의 꿈을 이루지요. 원했던 선생님이 되었고, 사랑하는 사람과 만나게 되고요. 저는 앤이 성인이 된 후에 꿈을 이뤄 행복한 모습보다 항상 뭔가를 꿈꾸며 기대하고, 설레던 앤의 어린 시절 모습이 더 많이 마음에 남습니다. 매일 좌충우돌하며 지냈던 소녀 시절의 앤도요. 항상 뭔가를 꿈꾸고, 크고 작은 설렘에 빠져들고, 엉뚱한 상상을 현실로 옮겼던 앤의 모습을 통해 저는 꿈꾸는 법을 배웠는지도 모릅니다.

"엄마는 어렸을 때 꿈이 뭐였어?"라고 가끔 아이들이 묻습니다. 그러면 저는 이렇게 대답하지요. "엄마는 꿈이 너무 많아서 기억이 잘 안 나. 되고 싶은 것이 너무 많았어. 그래서 재미있었어." 누군가는 교육적인 대답이 아니라고 할 수도 있겠지요. 하지만 우리 아이에게 꿈을 교육시키고 싶지는 않습니다. 그래서 정말 꾸밈없이 솔직하게 대답해줍니다.

"엄마는 뭐가 되고 싶어?" 아이가 또 다 큰 엄마에게 이런 질문을 할 때도 있습니다. 엉뚱하지만 많은 생각을 하게 하는 말이지요. 이런 질문에 어떻게 대답을 할까요? "엄마는 벌써 엄마가 되었는걸. 엄마는 이제 되고 싶은 게 없어." 저는 적어도 이렇게는 답하지 않았으면 합니다. 앞으로 되고 싶은 게 없다면 일부러 꾸밈말을 만들어서라도 되고 싶은 것을 만들어 대답하라고 조언합니다. 예를 들면 "매일 운동을 빼먹지 않고 건강을 유지하면서 우리 ○○도 잘 키우는 엄마가 되고 싶어"라든지 "하루에 한 번은 행복하다고 느끼면서 ○○이랑 알콩달콩 지내고 싶어" 혹은 "엄마는 뭔가를 만들어서 사람들에게 팔고 그 돈으로 어려운 사람을 돕는 일을 하고 싶어"라고 말해주는 것입니다.

꿈은 꼭 어떤 직업에 국한되는 게 아닙니다. 그냥 어떤 사람이 되고 싶은지, 어떤 일을 하고 싶은지도 좋은 거죠. 엄마도 아이를 키우면서 꿈꿀 수 있습니다. 어떤 엄마도 좋고, 어떤 일을 하는 엄마도 괜찮습니다. 아이에게는 "넌 앞으로 꿈이 뭐야?"라고 물으며 궁금해하면서 본인은 꿈이 없다고 말하는 밋밋한 엄마가 되진 마세요. 뭔가를 하고 싶어 하는 엄마, 뭔가를 꿈꾸는 엄마는 아이에게 작은 열정을 심어주는 존재가 될 수 있습니다.

"엄마는 뭐가 되고 싶어?"라는 질문에 저는 이렇게 대답했습니다.
"엄마는 작가가 되고 싶어. 글을 쓰는 작가. 지금도 매일 뭔가를 쓰지만, 아직 작가라고 하기에는 좀 부족하거든. 엄마는 꼭 작가가 될 거야."

지금도 저는 꿈을 이루기 위해 달리고 있는데 정말 제가 쓴 이 글이 책으로 엮어져 세상에 나올 수 있을까요? 누군가가 제가 쓴 책을 살펴보고 직접 사기도 할까요? 정말로 제가 쓴 이 글이 책으로 나와 지금 이 글을 보고 계시는 이름 모를 여러분의 손에 들려있다면 당신은 아들 셋 엄마가 꿈을 꾸고, 이루는 모습을 목격하고 계신 것입니다. 감사드립니다. 제 꿈에 함께해주셔서 감사하고, 그 결과물인 책을 읽어주셔서 감사합니다. 컴퓨터 앞에 앉아 이 글을 쓰면서 벌써부터 무척 설레고 있습니다.

빨간 머리 앤처럼 '아줌마 앤'인 저도 항상 꿈꾸고 싶습니다. 엄마 역할에 벗어나 오롯이 나를 위한 꿈을요. 그래서 오늘도 저는 꿈을 위해 달립니다. 깊은 밤, 아이들이 꿈꾸는 사이 뒤척이는 소리에 내심 불안해하면서도 말입니다.

빨간 머리 앤

이민숙 글 | 정림 그림 | 책고래

제가 어릴 적 보았던 익숙한 앤의 모습은 아니지만 책 표지를 가득히 채운 꿈꾸는 앤의 얼굴이 인상적이어서 저절로 손이 갔던 그림책입니다. 책 속에서는 앤과 앤의 친구 다이애나가 조세핀 할머니 댁에 초대를 받아 멋진 도시에 방문하게 되면서 벌어지는 이야기가 펼쳐집니다. 하지만 시간이 갈수록 앤은 '앤답게' 초록색 지붕의 집을 그리워하게 되지요. 주근깨, 빼빼 마르고 수다쟁이인 앤을 기억하는 엄마라면 아이와 함께 읽으며 추억 속에 빠져들 수 있을 겁니다. 그리고 아이에게 이렇게 말해주세요. 엄마도 앤처럼, 지금의 너처럼 천방지축, 수다쟁이였던 시절이 있었다고. 반짝이는 꿈을 꾸던 시절이 있었다고.

앤은 다락방 창문을 활짝 열었어요.
가을 석양이 애본리를 온통 보랏빛으로 물들이고 있었어요.
"와, 별가루를 뿌려 놓은 것 같아."
앤은 살랑이는 바람을 느끼며 눈을 감았어요.

— **책 속에서**

에필로그

오롯이 나만을 위한 시간

우리 엄마는
우리 엄마는
내가 잠든 후에
혼자서 뭘 할까?

잠든 내 모습을 쳐다볼지도 몰라.
두 손 가지런히 모으고
이불 목까지 포옥 덮고
예쁘게 멋지게 자야지.
(하지만 자다 보면 나도 모르게
두 손은 만세 부르고 이불은 다리 사이에)

우리 엄마는
우리 엄마는
내가 잠든 후에
아빠랑 뭘 할까?

두 분이서 이야기 나누다가
내 칭찬을 할지도 몰라!
앗, 내 흉을 볼지도 몰라.
귀 쫑긋 세우고 잠든 척 해야지.
(하지만 잠자리에 들면 나도 모르게
입을 헤~ 벌린 채, 꿈나라 여행을 슝)

우리 엄마는
우리 엄마는
내가 잠든 후에
무슨 생각을 할까?

하루 종일 나 때문에 힘들어서
내 생각 할 겨를 없이
잠에 곯아떨어질지도 몰라.
그러면 잠든 엄마 품으로 쏘옥 들어가야지.
(하지만 아이가 잠에 들면
엄마는 엄마도 모르게
기다렸다는 듯 엄마만의 세계를 활짝!
과자도 먹고, TV도 보고,
컴퓨터도 하고, 야식도 먹고)

예쁜 아이야,
사랑하는 아이야.

걱정하지 말고 푹 자렴.
네가 잠든 후에도
엄마는 엄마는
네 곁에 있을 거야.
꼭 붙어 있을 거야.

— 〈내가 잠든 후에〉

아이들이 잠자리에 들 준비를 할 때 머릿속으로 이런 저런 계산을 하곤 합니다. '아이들이 잠들면 이걸 해야지. 아, 저것도 해야겠다.' 하지만 생각으로 끝날 뿐 눈을 뜨면 언제 잠들었나싶게 아침일 때가 더 많았지요. 가끔 함께 잠들지 않고 또랑또랑 정신 맑을 때에도, 혼자만의 시간을 갖기보다는 잠든 아이들을 쳐다보며 반성하고 자책하다 눈물을 삼키는 시간으로 채우기도 했습니다. 또 가끔 남편과 몰래 야식을 시켜먹기도 하고 아주 가끔은 일탈도 했지요. 그러다 문득 아이들은 자신이 잠들고 난 후 엄마의 시간이 궁금할 수도 있겠구나 하는 생각이 들었습니다. 그러다 쓰게 된 저의 서툰 그림책 이야기 〈내가 잠든 후에〉입니다.

책을 준비하는 동안은 저녁 식사를 마치면 서둘러 아이들을 잠자리에 들게 했습니다. 아이들이 자야만 마음이 정리되고 긴장이 풀리면서 큰 고비를 넘긴 것 같았거든요. 연애 시절 남자 친구와의 약속을 설레며 기다리듯, 컴퓨터 앞에 앉기 위해 아이들이 잠들기만을 기다렸습니다. 그렇게 아이들의 숨소리를 들으며 키보드를 쳤고, 아이들의 뒤척이는 소리에 멈추길 반복했습니다. 몸은 힘들었지만 마음은 행복했고, 아이들에겐 미안했지만 제 자신에게는 참 즐거웠던 시간이었습니다.

요즘은 아이들을 제 위치에 보내놓고는 종종 근처 카페로 향합니다. 집안일은 항상 숙제처럼 쌓여 있지만요. 카페에 앉아 다이어리도 정리하고, 책도 읽고, 주변 사람들도 관찰하고, 글도 쓰고, 혼자서 '꽁냥꽁냥' 시간을 보냅니다. 그렇게 오전을 보내고 집에 돌아오면 무언가 채워진 느낌이 듭니다. 그게 무언지는 모르겠지만 옅은 뿌듯함이 느껴지지요. 그 상태로 집안일을 하면 평소보다 더 속도가 붙는 것 같기도 합니다. 아무래도 오롯이 나만을 위한 시간을 보냈다는 사실이 엄마 에너지를 더 샘솟게 하나 봅니다.

아이들이 잠든 후에, 함께 깊은 잠에 빠져도 좋습니다. 낮에 잠깐 짬을 내어 혼자 무언가를 해도 좋습니다. 그 어떤 식으로든 혼자만의 시간을 가지시기를 추천합니다. 이것도 의지가 없으면 힘들다는 것, 압니다. 그래도 꼭 실천해보세요. 그 시간만큼은 아이를 위해 뭔가를 하기보다는 아무리 소소해도 본인만을 위한 것들로 채우세요. 그리고 이 두 가지를 꼭 기억하셨으면 좋겠습니다.

나는 나의 존재만으로도 내 아이에게 이미 충분하다는 사실과
지금 혼자만의 시간이 내 아이에게도 분명 도움이 된다는 마음.

마음의 중심을 지켜주는
수오서재의 책들

멈추면, 비로소 보이는 것들

혜민 스님과 함께하는 내 마음 다시보기

혜민 스님 지음 | 이영철 그림 | 320쪽 | 14,800원

당신은 아무 일 없던 사람보다 강합니다

**변화하고 싶다면, 새롭고 싶다면,
다시 시작하고 싶다면, 김창옥의 인생특강**

김창옥 지음 | 272쪽 | 14,800원

인생에서 너무 늦은 때란 없습니다

모지스 할머니 이야기

애나 메리 로버트슨 모지스 지음 | 288쪽 | 13,800원

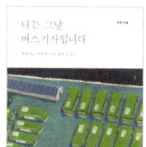

나는 그냥 버스기사입니다

글 쓰는 운전사의 작지만 단단한 삶에 대한 이야기

허혁 지음 | 234쪽 | 14,000원